Direction éditoriale : Françoise **Vibert-Guigue**
Direction artistique : Frédéric **Houssin** & Cédric **Ramadier**
Conception graphique et réalisation : **Double**, Paris.
Direction de la publication : Isabelle **Jeuge-Maynart**
Fabrication : Nicolas **Perrier**

21, rue du Montparnasse 75006 Paris. ISBN 978-2-03-553090-5. Impression : Gruppo Editoriale Zanardi
Photogravure : Passport. Dépôt légal : février 2009.
Conforme à la loi numéro 49 956 du 16 juillet 1949 sur les publications destinées à la jeunesse
553090-08/11025786 - novembre 2013

MES PETITES ENCYCLOPÉDIES LAROUSSE

Les petites bêtes

Illustré par Pascale Estellon
Écrit par Françoise de Guibert

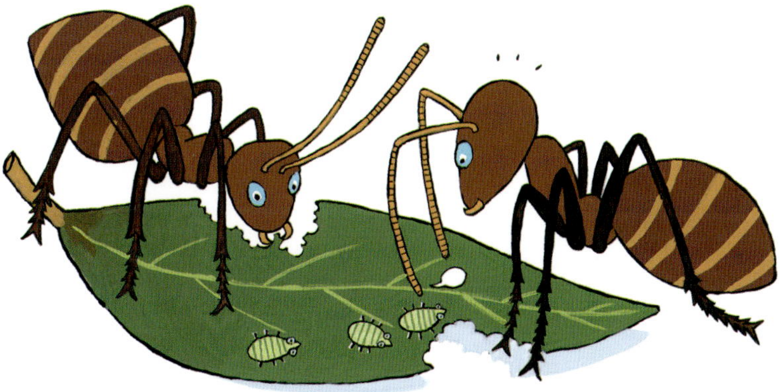

LAROUSSE

Insectes ou petites bêtes ?

Dans les jardins, on voit des **papillons**, des **coccinelles**, des **chenilles**, des **escargots**, des **fourmis**… Certaines de ces petites bêtes sont des insectes, mais **pas toutes** !

Pour être un **insecte**, il faut
un **corps** en 3 parties, **2 antennes** et **6 pattes**.

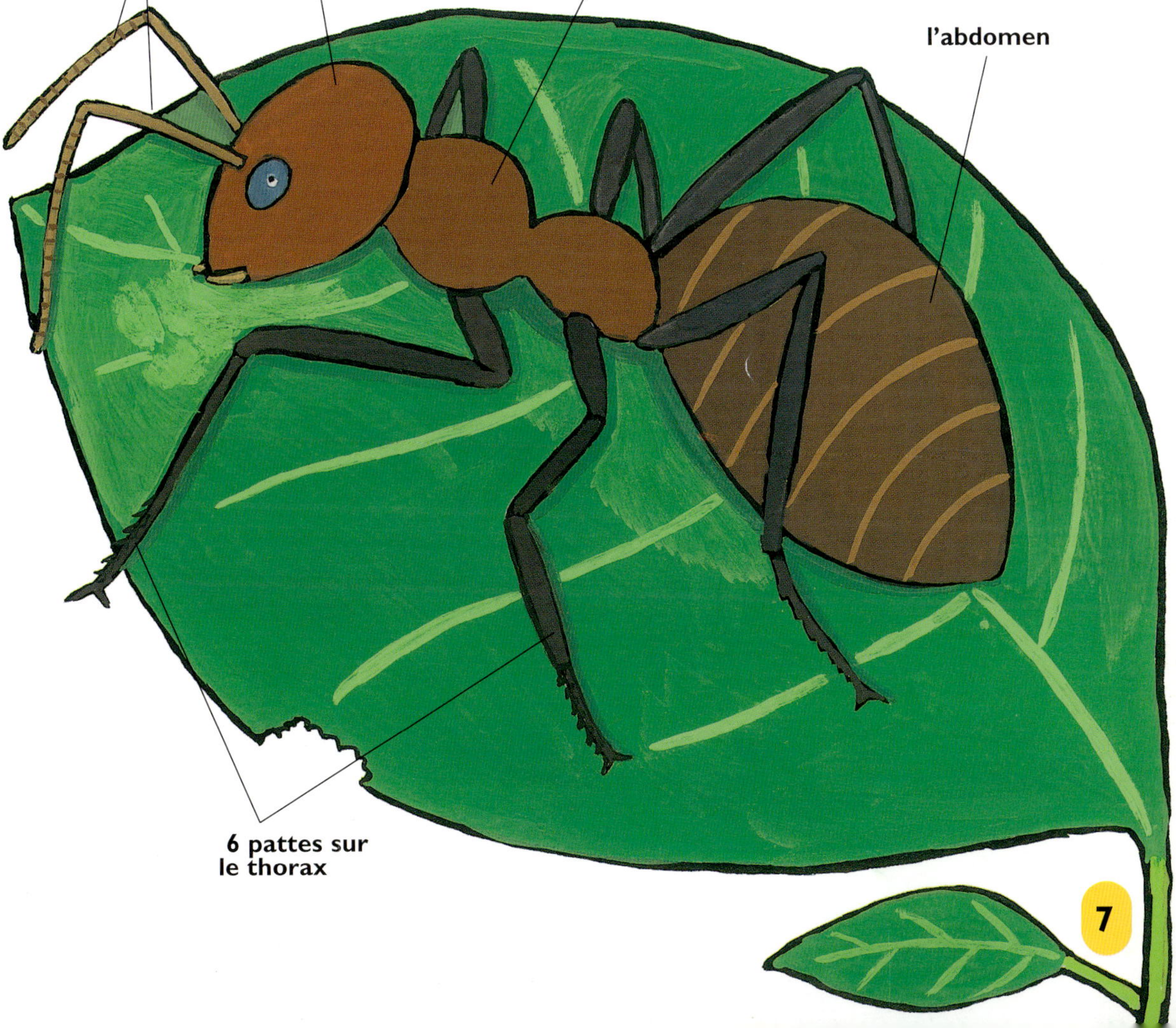

À pois noirs, la coccinelle

La coccinelle a **deux ailes dures** et **rouges** pour se protéger et **deux ailes transparentes** pour voler.

Elle a **sept points noirs** sur le dos mais ce n'est **pas son âge** ! La coccinelle ne vit qu'un ou deux ans.

La coccinelle est l'amie des jardiniers car ses larves mangent les **pucerons** qui détruisent les plantes.

Comme chez beaucoup d'insectes, les bébés coccinelles, les **larves**, doivent se transformer plusieurs fois avant de devenir des coccinelles adultes. C'est la **métamorphose**.

La femelle pond ses **œufs** sur une feuille.

Il en sort des **larves**…

… qui se transforment en **nymphes**,

puis en coccinelles **jaunes** et **molles**…

… et enfin, en **coccinelles rouges**.

Tout beau, le papillon !

Il y a des papillons de **toutes les couleurs**.

Les **ailes** des papillons sont recouvertes de minuscules **écailles colorées**.

Pratiques pour tromper l'ennemi ces **dessins** d'yeux sur les ailes !

Les **papillons de nuit** sont beaucoup moins colorés.

Pour se nourrir, les papillons volent **de fleur en fleur**.

Avec leur longue **trompe**, **ils aspirent** le jus sucré des fleurs, le **nectar**.

Les papillons **replient leurs ailes** quand ils ne volent pas.

Avant, il y a la chenille

La **chenille** ne ressemble pas du tout au papillon qu'elle va devenir.

Elle a **6 pattes**
et **10 ventouses**
pour bien s'accrocher.

La femelle papillon pond **ses œufs** sur une feuille.

Une petite chenille **sort** de l'œuf. Elle meurt de **faim**.

Elle **dévore** son œuf, et sa feuille.

Elle mange beaucoup et **grossit vite**.

Elle doit changer de peau : c'est la **mue**.

À la fin, elle devient une **chrysalide**.

Un **papillon** sort de la chrysalide et déplie lentement ses **ailes**. Elles sont froissées et mouillées. Elles sèchent au soleil.

La reine et les abeilles

Dans un **essaim d'abeilles**, il y a 50 000 **abeilles ouvrières**, 2 000 abeilles mâles, les **faux-bourdons**, et… une seule **reine**.

La **reine** est
la plus **grande**.

Les **faux-bourdons**
ont de **gros yeux**.

Les **ouvrières** sont
les plus **petites**.

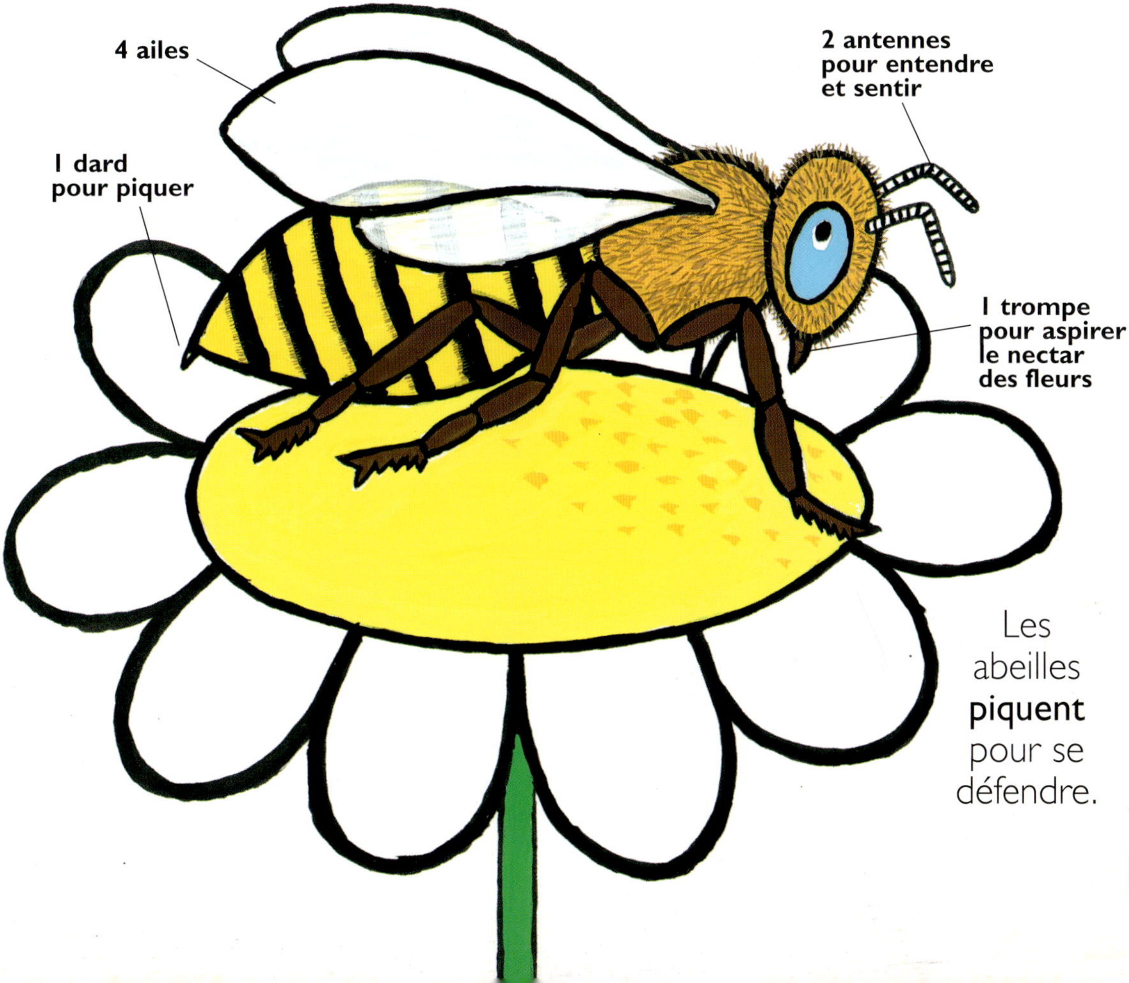

Les
abeilles
piquent
pour se
défendre.

Dans la **ruche**

Les ruches sont construites par les **apiculteurs** pour élever les abeilles et récolter leur **miel**.

Les **ouvrières travaillent beaucoup** et ne vivent pas longtemps.

Leur travail change au cours de leur courte vie : elles sont d'abord **ménagères**, puis **nourrices**, **bâtisseuses**, et enfin **butineuses**.

La **reine pond** plus de **2 000 œufs** par jour, sauf en hiver.

Les jeunes ouvrières **nettoient** les **alvéoles** pour les œufs.

Les **larves** qui sortent des œufs sont nourries avec du **pollen**.

Les bâtisseuses construisent les **alvéoles de cire**. Il y en a pour le miel et d'autres pour les œufs.

Du nectar et du miel !

Des **butineuses** aspirent le **nectar** des fleurs pour fabriquer le miel.

Puis, à la ruche, elles le transmettent à d'autres abeilles qui le déposent dans des alvéoles où il va se transformer en **miel**.

D'autres butineuses récoltent le **pollen** des fleurs. Elles le transportent dans de petits **sacs** accrochés à leurs pattes.

Dans la ruche, d'autres abeilles **déchargent** les butineuses de leur récolte.

Toutes ces **petites bêtes** ressemblent aux abeilles…
mais elles ne font pas de miel !

Le **frelon** est très gros et sa piqûre est dangereuse.

Les **guêpes** ont la taille fine. Elles aiment les fruits et la viande. Elles piquent très fort si on les dérange.

Le **bourdon** est gros et noir, avec des dessins jaunes. Il ne pique pas.

Fortiche la **fourmi** !

La fourmi est très forte. Elle **porte** des objets dix fois plus lourds qu'elle et **court** très vite.

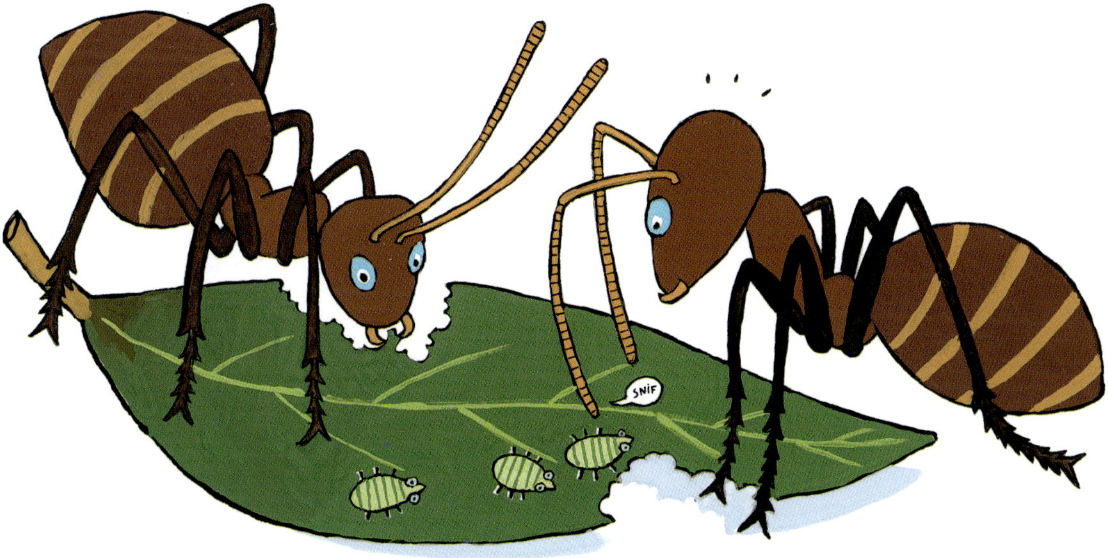

Elle déchiquette des feuilles
avec ses **mandibules**.

Elle **sent** avec ses **antennes**.
Elle les nettoie souvent
avec ses pattes.

Les fourmis **se reconnaissent** en touchant leurs antennes.
Elles **se préviennent** des dangers.

Que de monde dans la **fourmilière !**

Dans la fourmilière, les fourmis sont toutes très **occupées**.

Une fourmilière est pleine de **galeries**. Les œufs, les larves et la nourriture sont à l'abri dans des **chambres**.

Dès qu'il fait chaud,
les **reines pondent** des œufs,
une dizaine
par jour.

Les **fourmis nourrices**
donnent à manger aux larves.

D'autres vont chercher
la **nourriture** pour
toute la fourmilière.

Les **gardiennes** défendent
la fourmilière.

Des **fourmis** qui **volent** ?

Chaque été, dans toutes les fourmilières, des **fourmis ailées** naissent.

Ce sont des **mâles** et des **reines** qui s'envolent pour **s'accoupler**.

Revenues sur le sol,
les reines **cassent leurs ailes**,
creusent un trou…

… et **pondent**.

Des fourmis ouvrières
sortent des œufs.
Les **reines** s'en occupent.

Puis les ouvrières construisent
une **nouvelle fourmilière**
et s'occupent des autres œufs.
Les reines n'ont plus qu'à pondre
pour faire grandir la fourmilière.

Pas méchante, l'araignée !

L'araignée a **huit pattes** : ce n'est pas un insecte.

Pour attraper sa nourriture, l'araignée tisse une **toile** très solide avec des **fils de soie** qu'elle fabrique.

Quand elle a fini son **piège**, l'araignée se cache et attend.

Bzzz ! Une **mouche** s'est prise dans la toile, l'araignée se précipite pour la manger.

Chez nous, les araignées sont inoffensives. Dans les pays chauds, la grosse **mygale** peut rendre malade.

Escargot, montre-moi tes cornes

L'escargot porte sa **maison** sur le dos. S'il fait trop froid ou trop chaud, il reste au fond de sa **coquille**.

Il vit la nuit mais sort après la **pluie** pour se mouiller. En **hiver**, il ferme sa coquille et s'endort.

Sa **coquille grandit** avec lui.

Il **râpe** les feuilles
avec sa **langue rugueuse**.

Ses **2 grandes cornes**
lui servent à voir et à sentir.
Il peut les rentrer.

Ses **2 petites cornes**
lui servent à toucher.

Sa **bave** glissante lui permet
de coller à la feuille et de se
déplacer facilement sur son **pied**.

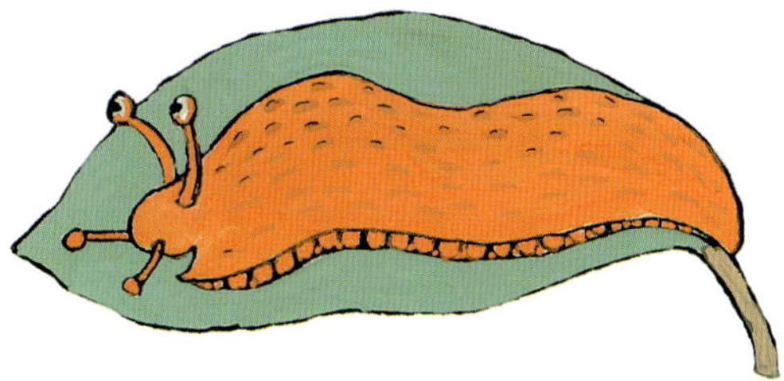

La **limace** n'a pas de coquille.
Il y a des limaces rouges,
noires, ou brunes.

Pique, pique le **moustique** !

La **femelle moustique** a besoin de sang pour fabriquer ses œufs.
C'est elle qui **pique**.
Les **soirs d'été**, elle passe à l'attaque en vrombissant.

Le **moustique mâle** se nourrit du **nectar** des fleurs.

La toute petite **puce** se nourrit de sang. Avec ses longues pattes arrière, elle **saute** très haut. Elle aime les **chiens** et les **chats**.

Les **poux** vivent
dans les **cheveux**.
Ils aspirent le sang
avec une **trompe**.
Leurs œufs s'appellent
des **lentes**.

Ça vole, ça saute !

La **mouche** est une championne ! Elle vole très vite et fait des **acrobaties** incroyables : atterrissage tête en bas, vol à reculons. Elle peut marcher la tête en bas car elle a des **ventouses** sous ses pattes.

La **sauterelle**
a des pattes
arrière
très puissantes
pour faire
des **bonds**.

Sa couleur
verte
la rend
invisible
dans
l'**herbe**.

Ils sont **partout**

Il y a des insectes, des escargots et des araignées **partout dans le monde** : dans les **forêts**, dans les **déserts** et même **sous l'eau**. Ce sont les animaux **les plus nombreux** : il y a un million d'espèces différentes d'insectes !

Le **monarque** est un grand papillon **migrateur**. À la fin de l'été, il quitte le **Canada** et vole jusqu'au **Mexique** où il passe l'hiver.

Le **bousier** d'Afrique pousse une grosse **boule de bouse** de buffle. Il l'enterre et y **pond** ses œufs.

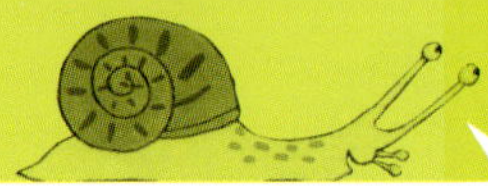

C'est vrai !

Petit mais **rapide**

Le **moustique** bat des ailes très vite : 600 battements d'ailes par seconde ! C'est ce qui fait du bruit.

Saut en **hauteur**

La **puce** saute plus de 30 fois sa taille.

Saut en **longueur**

Le **criquet** saute 200 fois sa longueur en s'aidant de ses ailes.

Bien **caché**

Le **phasme** ressemble à une brindille.

Fakir

L'**escargot** peut ramper sur une herbe coupante : sa bave le protège !

Acrobate

La **libellule** peut voler en avant ou en arrière au-dessus de l'eau.

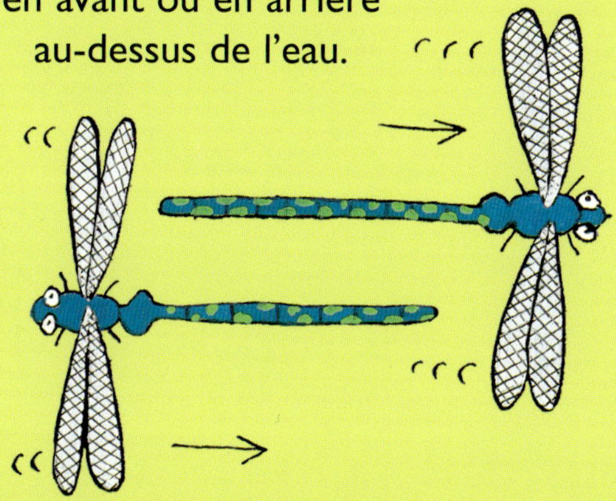

Lumineux !

Les femelles **vers luisants** font de la lumière pour attirer les mâles.

ORSANMICHELE
Diese Kirche war einst eine Loggia, die als Getreidemarkt diente (ein Bau des Arnolfo di Cambio von 1290). Sie wurde bei einem Brand 1304 zerstört und nach ihrem Wiederaufbau 1337 (ein Werk des Francesco Talenti, Neri di Fioravente und Neri di Cione) zwischen 1380 und 1404 als Kirche bestimmt. Das Bauwerk hat die Form eines großen Parallelepipedon (die Bögen der Loggia bilden die Basis), das durch eine spätgotische Marmordekoration geschmückt wird. Der obere Teil ist in Pietra Forte mit zwei Reihen von großen Zwillingsfenstern gestaltet. An den Außenflächen der Kirche öffnen sich Nischen und Tabernakel mit Statuen (berühmt sind die des Heiligen Johannes des Täufers *von Ghiberti, 1414-16; des* Heiligen Thomas *von Verrocchio, 1464-83; die Statuen der* vier gekrönten Heiligen *von Nanni Banco, 1408 und die Kopie des* Heiligen Georg *von Donatello, 1416). Im Innenraum ist das grandiose* Tabernakel des Orcagna *(1355-59) in hochgotischem Stil zu sehen.*

Gegenüber: das quadratische Bauwerk, in dessen unterem Teil sich die Kirche Orsanmichele befindet; auf der Seite rechts: das Tabernakel des Orcagna und unten: der Innenraum der Kirche.

VOM 14. JAHRHUNDERT BIS ZUR RENAISSANCE

Gegen Ende des XIII. Jahrhunderts und in den ersten Jahren des XIV. Jhs. spitzten sich die Gegensätze zwischen dem Kleinvolk (mittleres und Kleinbürgertum) und dem Popolo Grasso (Geschäftsleute - gehobener Mittelstand) zu. Letztere behielten die Macht fest in der Hand, da die Priori ausschließlich unter den Vertretern der höheren Zünfte ausgewählt wurden, die auch die Stimmenmehrheit in den Räten der Republik besaßen. Mehrmals versuchte das Kleinvolk im Laufe des Trecento, die demokratische Regierungsbasis zu erweitern, um die Mitbestimmung der niedrigeren Zünfte durchzusetzen. Im Jahre 1378 wurde, unter dem Druck eines Volksaufstandes, angeführt vom Krempler Michele di Lando, dem Popolo Grasso eine Reform der Institutionen aufgezwungen, die das Recht, einen eigenen Vertreter als Priore zu wählen, auf alle Zünfte ausdehnte und die Gründung dreier neuer Zünfte vorsah (Färber, Westennäher und Ciompi, nach denen der Aufstand benannt wurde), die den niedrigsten handwerklichen Tätigkeiten und den Taglöhnern entsprachen. Aufgrund verschiedener interner Interessen und der Regierungsunfähigkeit ist das Kleinvolk jedoch nicht in der Lage, der Reaktion des mächtigen Händler-Bürgertums entgegenzutreten, das die gesamte Macht wieder an sich reißt.

Zahlreiche und schwerwiegende Folgen hatte auch die Verfeindung der inzwischen geadelten Familie Donati und jener der Cerchi, wodurch zwei politische Gruppierungen entstehen, die «Bianchi» und die «Neri». Die ersteren waren vorwiegend Vertreter der «gente nova dai subiti guadagni» (neue Menschen mit sofortigem Gewinn), wie die Cerchi, die erst vor kurzem aus der ländlichen Umgebung zugesiedelt waren und sich schnell bereichert hatten. Die Neri, unter der Führung des Corso Donati, sammeln um sich die Vertreter der Magnatenfamilien langjähriger Tradition und die Familien der erbittertsten Guelfen. Die beiden Parteien wechseln sich im Priorat im letzten Jahrzehnt des XIII. Jahrhunderts ab, aber im Trecento spitzt sich der Konflikt erneut zu. Die Prioren sehen sich nun gezwungen, die Führer der beiden Parteien ins Exil zu verbannen und die Lage wird bald ernst: die Neri fordern den Eingriff des Papstes, der Karl von Valois, Bruder des Königs von Frankreich, Philipp dem Schönen, als Friedensstifter entsendet. Dieser bevorzugt offen die Neri und läßt den Führer der Bianchi verhaften und schickt die am stärksten in der Sache verwickelten - darunter auch Dante Alighieri - ins Exil.

Neben den internen Auseinandersetzungen trägt die Stadt in den ersten Jahrzehnten des Trecento auch das schwere Bündel der Kriege gegen die mächtigen Signorie der Ghibellinen Visconti und Scaligeri, denen sich Pisa und Lucca anschließen. Die Politik des reichen Händler-Bürgertums versucht nach außen jenes Bündnis der Guelfen zu festigen, das eine «militärische, wirtschaftliche, geistige und ethische Macht in sich vereinigt, die sich gegenseitig ergänzen» (Y. Renouard). Zwei schwere Niederlagen (Montecatini, am 29. August 1315 und Altopascio am 23. September 1325) zwingen Florenz zuerst, den Truppenschutz der Anjou zu suchen (die Regierung eines Landvogts des Königs Robert wurde eingesetzt) und sich schließlich unter den direkten Schutz des Hauses Anjou, in der Person Karls, Fürst von Kalabrien, zu stellen. Mit dem Tod des letzteren im Jahre 1327 erhält die Stadtrepublik Florenz unerwartet ihre Freiheit zurück. Aber noch Schlimmeres steht bevor: ein neuer Versuch, Pisa und Lucca einzunehmen scheitert kläglich. Die Florentiner, von den ghibellinischen Truppen angeführt, vom Signore von Verona, Martino della Scala (1339), geschlagen, sehen sich erneut gezwungen, den König Robert um Hilfe anzuflehen. Es folgt eine kurze Gewaltherrschaft des Landvogtes des Königs, Gualtiero di Brienne, Herzog von Athen, der sich sogar zum Signore auf Lebenszeit ausrufen läßt. Am 26. Juli 1343, am Tag der Hl. Anna, jagt das der Gewalt und dem Mißbrauch überdrüssige Volk den Tyrannen fort und führt die Freiheiten der Stadtrepublik wieder ein.

Neben den internen Zwisten und den Kriegen war das Trecento von Hungersnöten und Seuchen heimgesucht (furchtbar war die Pest im Jahre 1348), die eine bereits von der ungünstigen Wirtschaftskonjunktur im gesamten Abendland gekennzeichnete, bedenkliche Lage verschlimmerten. Weitere Schäden unglaublichen Ausmaßes verursachte die Überschwemmung im Jahre 1333, die sämtliche Brücken, mit Ausnahme der Brücke des Rubaconte, zerstörte. Das Trecento kann man also als ein Jahrhundert politischer, wirtschaftlicher und demographischer Krise bezeichnen (die furchtbaren Seuchen überlebte nur die Hälfte der Bevölkerung!). Die Krise geht auch an der architektonischen Entwicklung nicht spurlos vorüber, die zwar nicht völlig unterbrochen wurde, jedoch nur zögernd voran kam. Die Werke, die im XIV. Jahrhundert entstehen, liegen zwar insgesamt im Schatten jener aus dem vorigen Jahrhundert, sind jedoch von großer Bedeutung: der Ausdruck eines präzisen Kulturbestrebens der herrschenden Klasse, die über ein Produktionspotential verfügt, deren kapitalistische Akkumulationsfähigkeit heute noch erstaunlich erscheint. Aus urbanistischer Sicht ist das Stadtbild durch die bedeutenden Entwicklungen aus dem XIII. Jahrhundert geprägt. Die Bautätigkeit erlebt ihren Höhepunkt in der Vollendung der großen Werke, die gegen Ende des Dugento begonnen wurden (*die Stadtmauern, die Kathedrale, der Palazzo della Signoria*, die großen *Klöster*) und im Wiederaufbau der zerstörten Brücken. Die erste Brücke, Ponte alla Carraia wurde zwischen 1334 und 1337 wieder aufgebaut, wahrscheinlich nach einem Entwurf des Giotto. Der Aufbau der übrigen Brücken erfolgte nach dem Modell der letzteren, ausgehend vom **Ponte Vecchio**, die von Taddeo Gaddi mit drei grossen Bögen und breiter als die einstige Holzbrücke neugestaltet wurde. Am Ponte Vecchio werden außerdem die Läden (einst aus Holz) neugebaut, die beidseitig in niedrigen, mit Zinnen gekrönten

Die Loggia del Bigallo.

Gebäuden über den grossen Bögen angeordnet werden. In der Mitte der Brücke wurde eine Terrasse vorgesehen «auf daß der Blick flußaufwärts und flußabwärts streife, über die Ufer und die wundervollen Hügel der Umgebung» (G. Dati). Erst ab dem XVI Jahrhundert, als die Läden Privateigentum wurden, verlor der Bau aufgrund zahlreicher Änderungen in der Höhe und im Vorbau, seine Symmetrie. Weitere Gebäude wurden vergrößert oder neugebaut (z.B. der *Palazzo del Podestà* und der *Palazzo della Signoria*) und neue Bauwerke entstanden im Rahmen der wichtigsten Bedürfnisse der Stadt. Während die Arbeiten der neuen Kathedrale schrittweise vor sich gingen (*Santa Reparata* blieb innerhalb der Baustelle für die Gläubigen weiterhin geöffnet und wurde erst 1375 abgebrochen), wird an der Seite der, Kathedrale die gotische *Loggia del Bigallo* (1352-1358) und der **Campanile di Giotto** (1334-1359) gebaut. Der über 80 Meter hohe Glockenturm beibt bis zum Bau der Kuppel, zusammen mit dem Turm des Palazzo della Signoria, das Wahrzeichen der Altstadt. So wie die Türme in den vorhergehenden Jahrhunderten das Emblem der wichtigsten politischen Vereinigungen der Stadt bildeten, nehmen jetzt wiederum zwei vertikale Elemente (der Turm des Palazzo della Signoria und der Glockenturm des Giotto) symbolische Bedeutung an, die die Macht der Stadt als Gesamtes bezeugen. Der elegante und schlanke, gleichzeitig aber in seiner robusten Struktur mächtige und durch den rechteckigen Vorbau gekennzeichnete Glockenturm wurde von Giotto im Jahre 1334 begonnen, von Andrea Pisano erhöht und schließlich von Francesco Talenti in den Jahren 1348-1359 vollendet. Der aus 5 Stockwerken bestehende Turm (der Teil des Giotto umfaßt die ersten beiden Stockwerke) weist eine Fassade mit lebhaften geometrischen Motiven aus polychromem Marmor mit übereinanderliegenden Bogenfenstern auf, die die mächtige Entwicklung in die Höhe etwas schwächen. Unten sind Kassettendekorationen mit Basreliefs der menschlichen Tätigkeiten, überragt von Nischen mit Statuen der Propheten und Sibyllen zu bewundern. Diese Dekorationen entstammen den Händen der besten Bildhauer der Toskana des Quattrocento: Andrea da Pontedera, Nanni di Bartolo, Luca della Robbia, Donatello.

Der Palazzo della Signoria wurde mit der großartigen **Loggia dei Lanzi** für besondere öffentliche Anlässe der Stadtrepublik bereichert, ein Werk des Benci di Cione und Simone Talenti (1376-1382). Die großen Bögen die soliden Säulen und die betonten horizontalen Rhythmen deuten bereits auf die Renaissance hin. Dieselbe räumliche Weite kennzeichnet auch die nahe Kirche **Orsanmichele**, die ab 1337 von Francesco Talenti, Neri di Fioravante und Benci di Cione erbaut wurde. Dieses ursprünglich als Lager für den Korn - und Hafermarkt vorgesehene Gebäude wurde bereits 1357 in ein Oratorium umgewandelt, während im oberen Stockwerk eine große Kornkammer eingebaut wurde. So entstand der heutige Bau: ein riesiges Rechteck, an dessen Basis die Bögen der Loggia liegen, abgeschlossen von spätgotischen, feinen Marmordekorationen, die im Kontrast stehen zum oberen Teil, den gleichmäßigen Mauern aus Pietraforte, unterbrochen von zweibogigen, spitz zulaufenden Fenstern. Die Säulen zwischen den Bögen wurden später mit Nischen versehen, die Mitte des Trecento bis ins späte XVI. Jahrhundert hinein die Statuen der Schutzheiligen der Florentiner Zünfte aufnahmen, darunter einige der bedeutendsten Werke der Renaissance - Bildhauer, wie den *Hl. Georg* des Donatello (*Tabernakel der Waffenschmiede*), den *Hl. Matthäus* des Ghiberti (*Tabernakel del Cambio*), *die Ungläubigkeit des Hl. Thomas* des Verrocchio *(Tabernakel des Warengerichts), den Hl. Eligius* des Nanni di Banco *(Tabernakel der Hufschmiede).*

Die Florentiner Architektur des Trecento ist also durch großräumige Strukturen mit nüchternen Dekorationen gekennzeichnet, die sich in der geometrischen Klarheit des Baus auflösen, der wiederum durch die nüchterne Plastik der Glieder hervorgehoben wird. Diese Charakteristiken kennzeichnen auch weniger bedeutende Bauwerke, wie die zahlreichen Kirchen, die im Laufe des XIV. Jhs. erneuert wurden; **San Niccolò sopr'Arno**, dessen nackte Innenseite mit einem einzigen Schiff, durch das traditionelle hölzerne Dachwerk überdeckt wird; **San Remigio**, dessen drei Schiffe durch ein System von achteckigen Pfeilern getrennt sind, die Spitzbögen tragen; **San Carlo dei Lombardi**, eine einfache, kleine Kirche, die ab 1349 vor Orsanmichele erbaut wurde und zuerst der Heiligen Anna und dann dem Heiligen Michael geweiht wurde; **San Giovanni dei Cavalieri**, ebenso dreischiffig und mit hölzernem Dachwerk.

Die in vielen Fällen durch die starke Expansion im XIII. Jh. unkontrollierte Bautätigkeit wird geordnet und geregelt. Das gesamte Trecento über werden Verordnungen erlassen zur Erweiterung bzw. Verlegung von Straßen, zur Pflasterung von Straßen und Plätzen, zum Abreißen von baufälligen Gebäuden bzw. Überbauten (wie Vorsprünge und externe Treppen), die den Verkehr behindern. Das wichtigste Ziel

der Baupolitik der Stadtrepublik (Verbreiterung und Geradlinigkeit der Straßen) wird zwar im städtischen Gebiet zwischen den beiden letzten Ringmauern zum Großteil erreicht, stößt jedoch im eigentlichen Stadtkern auf große Schwierigkeiten.
Die öffentlichen Eingriffe sind in den meisten Fällen darauf ausgerichtet, der Stadt einen höheren «Glanz» zu verleihen; «*pro maiori pulchritudine civitatis*» werden Plätze geordnet oder neu angelegt; jedes Haus muß am Sockel Wandverkleidungen aus Stein aufweisen; ungesunde Gebiete werden saniert. Natürlich bietet die Stadtrepublik alle Kräfte auf, um die beiden bedeutendsten Piazze der Stadt neuzuordnen (Piazza della Signoria und den Platz um den Komplex Kathedrale-Battistero, wozu verschiedene Bauwerke abgerissen werden müssen), sowie die via de' Calzaioli zu verbreitern, um die beiden Plätze zu verbinden. Wie wir heute noch in vielen Fällen beobachten können, haben die Gebäude entlang dieser Straße wenigstens am Sockel grauen Sandstein sowie regelmäßige Bogengänge im Erdgeschoß, die die Typologie einiger Gebäude in der Piazza della Signoria und hinter dem Presbyterium des Doms widerspiegeln. Auch Loggien und große Bögen sind in den Gebäuden aus dem Trecento sehr häufig, wobei die Räume im Erdgeschoß meist als Lager oder Läden dienten, während die bogengeschmückten Loggien für offizielle Familienanlässe und Zeremonien bestimmt waren.

Die Fassade des Davanzati-Palastes.

Der vornehme Florentiner Wohnsitz aus dem XIV. Jahrhundert, dessen bedeutendstes und repräsentativstes Beispiel der **Palazzo Davanzati** ist, von den Davizzi um 1330 erbaut, hat nunmehr seine ursprüngliche Funktion der Verteidigung verloren. Die Paläste werden, falls es die Umgebungsbedingungen zulassen, immer größer; es entstehen Paläste in gestreckter Form, die im Innern Höfe und sogar kleine Grünflächen aufweisen. Die Mauerverkleidung mit rustikalen Sandstein-Quadern in den ersten Stockwerken, wird im oberen Teil glatter, wo sich rhythmisch die Fenster mit den typischen «Florentiner» Bögen öffnen, mit Rund-oder Flachleibung an der Innenseite der Fensterrahmen und mit spitz zulaufenden Bogen: Beispiele dafür sind der **Quaratesi** in via Ghibellina, Ecke via Matteo Palmieri; **Palazzo Canigiani** in via dei Bardi; **Palazzo Salviati** in via della Vigna Vecchia.
Gegen Ende des Trecento weist das Stadtbild von Florenz drei deutlich abgegrenzte Gebiete auf. Der antike Stadtteil, auf einer römischen Siedlung aufgebaut und zum Teil im späten Mittelalter geändert, ist dicht bebaut mit zahlreichen Turmhäusern und majestätischen religiösen Gebäuden (*Dom und Battistero*), politischen (*Palazzo della Signoria*) und wirtschaftlichen Bauwerken (Sitz der Zünfte, *Orsanmichele*). Das Gebiet zwischen dem «antiken Ring» und den Stadtmauern aus dem XII. Jahrhundert ist ebenso dicht bebaut, das Stadtbild ist jedoch lückenloser, die Straßen entsprechen den Richtungen der antiken Borghi (Stadtviertel) und bilden ein unregelmäßiges Gewebe, da sie auf einen «organischen» Ursprung zurückzuführen sind. Das zum Teil auf das Due-Trecento zurückgehende Stadtbild ist gekennzeichnet durch die vornehmen Wohnsitze mit den Schwerpunkten um die wichtigsten Kirchen der Stadt (*San Pier Maggiore, San Lorenzo, Santa Trinità, Santa Felicità*) und um den Komplex *Badia-Palazzo del Podestà*. Das neueste Stadtviertel schließlich, das sich bis zu den neuen Stadtmauern erstreckt, liegt ebenso um die früher «*extra moenia*» befindlichen Straßen der Borghi und ist in Viertel unterteilt, die um die Kirchen der wichtigsten Bettelorden entstanden waren (*Santa Croce, Santa Maria Novella, Santissima Annunziata-San Marco, Santo Spirito. Carmine, Ognissanti*). Bei den hier häufigsten Bauten handelt es sich um lange Reihen von einfachen Häusern an den Straßenrändern; die Häuser sind klein, etwa vier bis fünf Meter lang, mit kleinen Grundstücken für den Garten und die Wiese.

DAS 15. JAHRHUNDERT

Gegen Ende des XIV. Jahrhunderts, mit der Rückgewinnung der Macht durch das reiche Bürgertum, setzt sich in Florenz eine oligarchische Regierung durch; eine Fraktion des Händlerbürgertums regiert etwa vierzig Jahre lang die Stadt und betreibt eine aktive Außenpolitik, verbunden mit riesigen Kriegskosten; es gelingt auf diese Weise, den Expansionismus der Visconti zu stoppen und den Einflußbereich der Stadtrepublik mit der Eroberung von Arezzo, Cortona, Prato, Pistoia und Pisa auszudehnen. Die Eroberung von Pisa und die volle Verfügbarkeit seiner Häfen (Pisa und Livorno) machen Florenz auch zu einer Seemacht und zweifelsohne zum «komplettesten und perfektesten Wirtschaftszentrum des Abendlandes» (Y. Renouard). Unter den internen Folgen der erheblichen Kriegskosten

Giovanni di Bicci dei Medici auf einem alten Bildnis des Bronzino.

sei auf die Reform des Steuersystems hingewiesen, die 1427 zur Einführung des Katasteramtes führt, eine Maßnahme zur Besteuerung entsprechend dem Einkommen der Einzelnen, wobei auch das bisher nicht besteuerte Mobiliarvermögen berücksichtigt wird. In diesen Jahren reift auch eine gewisse Opposition zur oligarchischen Regierung heran, die sich die Unzufriedenheit des Volkes zu Nutze zu machen versteht. Der der Macht beraubte Teil des Bürgertums verbündet sich mit dem Kleinvolk, unter der Führung des Giovanni de' Medici, Haupt der reichsten und mächtigsten Zunft Calimala. Nach dem Tod Giovannis im Jahre 1429 spitzen sich die Auseinandersetzungen zu, während der Konsens um die Medici steigt. Die von Rinaldo degli Albizi angeführten Oligarchen versuchen Cosimo, den Erstgeborenen Giovannis, durch Verleumdungen auszuschalten; es gelingt ihnen jedoch nur, diesen ins Exil zu verbannen (1433), aus dem er nach kaum einem Jahr, gerufen von einer ihm günstig gesinnten Signoria zurückkehrt. Cosimo wird zum Herrscher der Stadt und läßt die antiken republikanischen Institutionen bestehen, die jedoch jeglicher konkreter Macht beraubt werden. Als letzter großer Stadtstaat Mittelitaliens wird nun auch Florenz von einem einzigen Mann beherrscht und es entsteht ein Herzogtum.
In den Jahren, in denen Florenz von der Händleroligarchie beherrscht wird und im ersten Abschnitt der Herrschaft der Medici bildet sich aus den häufigen Berührungen mit Zeugnissen der griechischen und römischen Antike ein neuer Geist heran und die Stadt wird zur Wiege des Humanismus. Der Mensch ist begierig nach rationellem Wissen und versucht, die Natur die ihn aufnimmt und die Geschichte, die im voranging, zu unterwerfen. Literatur, Wissenschaft, Kunst und die Gesamtheit der menschlichen Tätigkeiten verschmelzen im Geist, in einem einmaligen Gleichgewicht, das Künstler, Handwerker und Wissenschaftler in einem einzigen platonischen Ideal der Schönheit und der ewigen Wahrheit vereint.

Mit den Anfängen dieser Epoche, die glücklichste für die europäische Intelligenz und Kultur, beginnt auch das Schaffen Filippo Brunelleschis, der zwischen 1420 und 1446 eine Vielzahl von Bauwerken errichtet, die die Blütezeit der Architektur und des Städtebaus in Florenz einleiten. Die Werke Brunelleschis fügen sich in ein Stadtbild nach dem Muster Arnolfos, das die Stadt aus dem frühen Mittelalter ererbte und könnten vermindernd als «Modernisierung» mittelalterlicher Strukturen bezeichnet werden. Das Werk des großen Florentiner Architekten jedoch ist von einem derartigen Erfindungsgeist und Neuerungsbestreben gekennzeichnet, daß sich im mittelalterlichen Florenz eine neue rationelle Ordung durchsetzt, die jeglichen früheren Sinn umstößt.
Es kann also als ein Verdienst Brunelleschis und der weiteren Vertreter der architektonischen Kultur des frühen Quattrocento bezeichnet werden, daß dass Stadtbild von Florenz des frühen Mittelalters zwar im wesentlichen unverändert blieb, die Stadt sich jedoch als die von Humanisten entworfene «Stadt der Renaissance» schlechthin verstand.
(Florenz die Schöne besitzt 7 Dinge und perfekt kann keine Stadt genannt werden, die sie nicht alle sieben besitzt. Erstens die völlige Freiheit; zweitens viele reiche und gut gekleidete Menschen; drittens Flüsse mit süßem Wasser und Mühlen; viertens die Signoria der Stadt und der Schlösser, über Ländereien, Völker und Kommunen; fünftens das Studium der griechischen Sprache und des Abakus; sechstens jede Kunst auf Erden und in all ihrer Vollkommenheit; siebtens und letztes Ding, Banken und Vermögen in aller Welt, von Venedig über Mailand, Genua, Neapel bis Siena.) Das erste Beispiel der außerordentlichen Baukunst Brunelleschis ist die **Kuppel von Santa Maria del Fiore**, deren Bau 1420 ohne Baugerüste beginnt, mit einem Mauerwerk, bestehend aus ringförmig angeordneten, ineinandergreifenden Ziegeln, die die Belastungen intern so ausgleichen, daß sich die Kuppel während des Baus selbst trägt. Die Arbeiten, die trotz zahlreicher Schwierigkeiten und der Kritik an der neuen Baumethode des Brunelleschi ohne Unterbrechungen fortgesetzt werden, wurden 1436 mit dem Bau des letzten Ringes um den riesigen Raum abgeschlossen. Darüber wurde im selben Jahr die wundervolle Laterne errichtet, deren Modell 1432 von Brunelleschi im Rahmen eines von ihm gewonnenen Wettbewerbs entworfen wurde. Die Kuppel besteht aus zwei konzentrischen Kalotten, deren leicht spitz zulaufende Form die Schubkräfte der gotischen Rippensysteme berücksichtigt, jedoch im Rahmen einer neuen technisch-formalen Vision, die ein Bauwerk einer früheren Epoche abschließt, dessen Sinn jedoch neugestaltet. Mit seiner Kuppel erneuert Brunelleschi die Kathedrale Arnolfos, deren längsgerichteter Körper in einem breiten und gegliederten achteckigen Presbyterium «aufblüht» und «das dimensionell konzipierte Bauwerk ins Proportionale auflöst». «Der grosse Kuppelkörper koordiniert und schließt den vom Chor ausgehenden Raum ab; mit dem Spitzprofil wird die Längsdimension der Schiffe in der Höhe ausgeglichen; mit der Konvergenz der Rippen wird die perspektivische Form der Kuppel definiert. Diese belastet nun nicht mehr das Bauwerk, sondern entspannt sich wölbend in der Luft, mit der elastischen Spannung der Mauerkappen, gestreckt zwischen den Rippen» (G.C. Argan). Leon Battista Alberti, der sich der ideologischen und urbanistischen Bedeutung des

Baus wohl bewußt ist, die weit über die Stadtrepublik hinausragt, definiert die Kuppel als «struttura sì grande, erta sopra i cieli,ampla da coprire con la sua ombra tutti i popoli toscani» (so große Struktur, hoch über den Himmel hinausragend, so ausladend, daß ihr Schatten auf sämtliche Völker der Toskana fällt). Gleichzeitig mit dem Baubeginn der Kuppel wird auch die **Loggia dello Spedale degli Innocenti** entworfen, deren Bau Brunelleschi zwischen 1421 und 1424 leitet. Dieses Werk entsteht insbesondere als urbanistischer Eingriff im Rahmen der Neuordnung der Piazza vor der Kirche der Servi di Maria. Die Loggia wird nicht als isoliertes Bauwerk konzipiert, sondern sieht von Anfang an einen ähnlichen Bau auf der gegenüberliegenden Seite des Platzes vor und im Hintergrund die Fassade der Kirche der *Santissima Annunziata*. Darin unterscheidet sich die Loggia von den Lauben der übrigen Spedali von Florenz; hier wurde die Fassade eines Gebäudes geplant, die gleichzeitig dem Bauwerk und dem Platz zugehörte. Auf einem Sockel mit neun Stufen erheben sich auf schlanken korinthischen Säulen die weiten Bogengänge, auf denen die Fassade aufliegt und in der sich eine Reihe von Fenstern mit dem klassischen dreieckigen Tympanon öffnen. Darüber läuft ein leichtes Gebälk, abgegrenzt von seitlichen Halbpfeilern, während in den Verengungen einige Jähre später (ca. 1463) mit einem Hauch dekorativer Grazie zehn Medaillons aus Terrakotta, emailliert von Andrea della Robbia, eingesetzt werden. Besonders bemerkenswert in den dekorativen Details der Loggia (Kapitelle, Tympana, Gesimse) sind die Zusammenhänge mit dem typischen Klassizismus der Florentiner Romanik, in der Brunelleschi «qualche cosetta di riflesso dello splendore di quelli antichi edifici di Roma» (einen Hauch des Glanzes jener antiken Gebäude Roms) sah.
Eine weitere wundervolle Schöpfung Brunelleschis ist die Basilika **San Lorenzo**, deren von den Medici beauftragter Wiederaufbau 1419 begann, dann unterbrochen und erst 1442 wiederaufgenommen und nach dem Tod des Meisters von Antonio Manetti beendet wurde, der einen geräumigen Kreuzgang mit zwei Säulenreihen realisierte. Der Grundriß der dreischiffigen Kirche mit vorspringendem Querschiff differenziert sich kaum von den traditionellen Schemen; im Innern der Kirche jodoch kommt die architektonische Reform Brunelleschis mit ihrem Bestreben nach Ordnung, nach Proportionen und geometrischer Reinheit klar zum Ausdruck. Die Folge der Arkadengänge auf monolithischen Säulen mit korinthischen Kapitellen hat nicht die dynamische Aussagekraft der gotischen Inneräume, da das gesamte Gebäude «auf die verschiedenen Blickpunkte des Besuchers abgestimmt worden war». Daraus erklärt sich jene «anthropozentrische», typisch humanistische Eigenheit des Baus, die sich noch mehr in zwei Gebäuden mit zentralem Grundriß ausdrückt: der **Alten Sakristei von San Lorenzo** und der **Cappella dei Pazzi**. Die erstere hat einen quadratischen Grundriß, mit kleiner Apsis und wird durch die Laterne der halbkugelförmigen Kuppel beleuchtet; die durch Balkenwerk horizontal unterteilten und mit architektonischen Baugliedern unterbrochenen Mauern weisen an der Oberseite große Lünetten auf, die in den Zwickeln an den Ecken, polychrome Gipsmedaillons des Donatello aufnehmen. Durch die perfekte Mischung der strukturellen und ornamentalen Elemente und durch die strenge Wechselbeziehung zwischen den Baugliedern stellt dieser kleine Raum eine der ausgewogensten Schöpfungen der Renaissance dar. Dasselbe Motiv wird in der **Cappella dei Pazzi** in Santa Croce wiederaufgenommen und vertieft, deren Bau zwei Jahre nach der *alten Sakristei von San Lorenzo* begann und nach dem Tode des Brunelleschi beendet wurde. Die Kapelle mit der klassischen Vorhalle auf sechs korinthischen Säulen aus Sandstein und der tonnenförmigen Kassettendecke bezeugt, wie der Meister es verstand, seine Kunst ständig auf wunderbare Weise zu erneuern. Das Schema mit dem zentralen Grundriß wird auch in einem weiteren, unvollendeten Bauwerk übernommen: **Santa Maria degli Angioli**. Diese an den klassischen Rundbauten inspirierte Kirche war ursprünglich als achteckiger kuppelgekrönter Bau gedacht, umgeben von rechteckigen Kappellen mit doppelter Apsis, wodurch ein extern sechzehnseitiger Bau entstand, in dem sich große Nischen und flache Wände ablösten.
Der bedeutendste Ausdruck des reifen Stils Brunelleschis, der sein Interesse immer mehr der plastischen Aussagekraft der architektonischen Bauglieder zuwandte, ist **Santo Spirito**, 1436 entworfen und nach dem Tod des Künstlers zum Teil abgeändert erbaut. Die Kirche mit dem Grundriß des lateinischen Kreuzes besteht aus drei Schiffen, durch korinthische Säulen unterteilt, die in das Kreuzgewölbe und in die Apsis übergehen, um einen kontinuierlichen Laubengang zu erzeugen. Das Innere ist gekennzeichnet durch die vollkommene Harmonie der Proportionen, durch das Spiel der Bögen und Gewölbe, durch die Flucht der Säulenreihen, die gegenüber *San Lorenzo* verdoppelt wurden, da die Säulen hier auch entlang der Hauptmauern angeordnet sind und die Kapellen trennen. Bei den Kapellen mit der Form hoher und enger Nischen, sah der ursprüngliche Plan vor, die runden Mauern nach außen sichtbar zu gestalten, um so eine ununterbrochene Folge von halbzylindrischen Elementen zu bilden; Antonio Manetti, Giovanni da Gaiole und Salvi d'Andrea, die dieses letzte Werk des Brunelleschi beendeten, versteckten diese jedoch hinter einem gleichförmigen Mauerwerk.
Ein ganz persönlicher Fortsetzer der architektonischen Auffassung Brunelleschis war Leon Battista Alberti, der Florenz mit einigen seiner bedeutendsten Werke bereicherte, in einem der Rhetorik völlig freien Wiederaufnehmen römischer Strenge und Mächtigkeit, in einem rigorosen baulichen Konzept, beherrscht von einer tiefen Neigung zum geometrischen Ebenmaß. Zwischen 1456 und 1470 realisierte Alberti die **Fassade von Santa Maria Novella** und vervollständigte die Marmorverkleidung, die vor einem Jahrhundert begonnen worden war. Dem genialen Künstler gelang es, das Alte und das Neue zu verflechten, die typische Bichromie der romanischen Tradition von Florenz wiederaufzunehmen, sich jedoch dem neuen Geschmack der Renaissance anzupassen. Den romanisch-gotischen Dekorationen am Sockel folgt ein weiteres Band von Einlegequadern, die mit den Wappen der Rucellai, den Bauherren des Werkes, abgegrenzt sind. Durch zwei große, gewundene, umgekehrte Voluten werden die seitlichen Massen mit den zentralen verbunden, die durch vier Wandpfeiler unterteilt und durch ein dreieckiges Typmanon abgeschlossen sind, in dessen Innern er die Intarsie mit dem kreisförmigen Monogramm Jesu einsetzte, fast um das darunterliegende Rundfenster anzukündigen. Ein Werk des Alberti ist auch das Hauptportal, an der Klassik inspiriert und mit

extremer Formreinheit in seinen sparsamen Ornamenten. Um 1467 entwarf Alberti im Auftrag des Giovanni Rucellai in der Kirche **San Pancrazio** (dessen klassische Fassade er ebenso plante) die **Ädikula del Santo Sepolcro**, ein rechteckiges Tempelchen, verkleidet mit zweifarbigen Marmorplatten mit geometrischen Zeichnungen, durch elegante korinthische Lisenen unterteilt. Das hohe Gebälk der Gedächtniskapelle wird durch die exotischen Zinnen mit Lilien gekrönt, die Motive aus der orientalischen Falkenjagd wiederspiegeln, während das Ganze von einer arabischen Laterne gekrönt ist. Im selben Jahr enwarf der Künstler auch die **Tribuna della Santissima Annunziata**, wobei er die Lösung für den Einbau einer halbkugelförmigen Kuppel in einen Längsbau fand. Nach Beendigung dieses Baus entwarf Alberti ein Presbyterium, bestehend aus einem großen Rundbau mit extern facettierten Wänden, in dem neun Kapellen den grossen zentralen, kuppelgekrönten Raum erweitern.

Weitere nennenswerte Persönlichkeiten des Quattrocento in Florenz knüpften an den Stil Brunelleschis an und schufen originelle architektonische Bauwerke: Cronaca, dem außer der Kirche **San Giuseppe** (zusammen mit Baccio d'Agnolo erbaut) auch **San Salvatore al Monte** zugeschrieben wird, die Michelangelo als «bella villanella» (schöne Villanella) bezeichnet, «wo sich strukturelle Strenge, typologische Erneuerungen und prämanieristische Ansätze perfekt integrieren; Bernardo Rossellino, der unter anderem den **Chiostro grande di Santa Croce** errichtete, dessen Entwurf dem Brunelleschi zugeschrieben wird, sowie den **Chiostro degli Aranci nella Badia fiorentina**; Giuliano da Sangallo, Schöpfer der **Sagrestia di Santo Spirito**, der in der Kirche **Santa Maria Maddalena de' Pazzi** den Prototyp einer einschiffigen Kirche schuf, in der sich rechteckige Kapellen bedeckt mit kappenförmigen Gewölben aneinanderreihen; Antonio Manetti, der die Kirche **San Felice** erneuerte und die **Cappella del Cardinale del Portogallo** in **San Miniato al Monte** erbaute. Überragend ist die Persönlichkeit des Michelozzo, der den Wiederaufbau des **Convento di San Marco** leitete, nachdem dieses Kloster mit der Abschaffung des Silvestrinerordens an die Dominikaner abgetreten wurde. Unter den zahlreichen Räumen des Klosters dessen Grundriß dem der traditionellen Klöster entspricht, verdient der sogenannte **Chiostro di Sant'Antonino** auf ionischen Säulen und mit Kreuzgewölbe besondere Beachtung, zusammen mit der eleganten **Bibliothek** bestehend aus drei, durch eine Reihe von Arkadengängen auf ionischen Säulenreihen abgegrenzten Gängen.

Das Schaffen des Michelozzo umfaßt zahlreiche Eingriffe in das Stadtbild des Quattrocento, das, wenn auch nur an einigen Stellen, stark verändert wurde. Auch in diesem Fall ist der Einfluß Brunelleschis bemerkbar, dem die urspüngliche Zeichnung des **Palazzo Pitti** zugeschrieben wird, der ab 1440 gebaut wird und zuerst nur einen zentralen Block mit zwei Stockwerken und Bogengängen im Erdgeschoss vorsah. Obwohl die Rustika-Quader der Verkleidung immer noch an den Festungspalast des Mittelalters erinnern, weisen die geordneten Proportionen, die nach dem «goldenen Schnitt» berechnet wurden, und der ruhige Rhythmus, mit dem die Öffnungen sich ablösen, «auf einen klaren Sinn der Ordnung hin». Vorher (1435) hatte Brunelleschi den **Palazzo di Parte Guelfa** errichtet und auf dem ursprünglichen Sockel ein hohes erstes Stockwerk mit grossen Rundbogenfenstern erbaut, die auf einem profilierten Gebälk auflagen. Es war aber Michelozzo, der mit dem in via Larga (später an die Riccardi übergegangenen) gebauten **Palazzo Medici**, gründend auf die Erfahrung des Brunelleschi, den Prototyp der vornehmen Florentiner Wohnung des Quattrocento schuf: der Palazzo weist nun einen gleichförmigen Grundriß auf und die Räume werden um einen breiten, von Loggien umgebenen Hof gebaut. An Michelozzo schließen Giuliano da Sangallo mit dem **Palazzo Gondi** und Giuliano da Maiano an, dem der **Palazzo Antinori** zugeschrieben wird. Auch der bedeutendste Palazzo der florentinischen Renaissance (der monumentale **Palazzo Strozzi**), ein Werk des Benedetto da Maiano, zeugt von den Einflüssen der Meister Brunelleschi und Michelozzo, ebenso wie zahlreiche andere vornehme Wohnsitze, die im Laufe des Quattrocento erbaut wurden: der **Palazzo Corsi** (später Horne) in via dei Benci, **Palazzo Dei Rucellai** (später Guadagni) in piazza Santo Spirito, beide ein Werk des Cronaca; der **Palazzo Pazzi** (später Quaratesi) in via del Proconsolo, dem Giuliano da Maiano zugeschrieben, usw. Leon Battista Alberti erbaut den **Palazzo Rucellai**, einen

S. Maria degli Angioli, oder « La Rotonda » von Brunelleschi.

Der Guadagni-Palast auf der Piazza S. Spirito.

Oben links: der Palazzo di Parte Guelfa; rechts: der Antinori Palast. Unten: die Fassade des Rucellai-Palastes.

raffinierten Herrensitz, der anstelle des rustikalen Bossenwerks mit mehreren Reihen glatter Quadersteine verkleidet ist und eine vertikale Lisenenordnung aufweist, die die horizontale Geometrie ergänzt. Auch hier herrschen die Ideale der Klassik vor: das scheinbare «*opus reticulatum*» am Fundament, die mit Architraven versehenen Türen, die übereinanderliegenden Ordnungen (die Lisenen weisen im unteren Stockwerk dorische Kapitelle auf, im mittleren ionische und im oberen Stockwerk korinthische).

DAS 16. JAHRHUNDERT

Lorenzo il Magnifico gelang es, die persönliche Macht ohne Umwälzung der republikanischen Institutionen durchzusetzen und ein gewisses Gleichgewicht unter den verschiedenen Staaten Italiens zu schaffen, um so die Gefahr einer Intervention durch die ausländischen Mächte zu bannen. Mit seinem Tod jedoch (1492) gelang es seinem Sohn und Nachfolger, Piero lo Sfortunato («der Unglückliche») das wundervolle Gebäude mediceischer Macht in wenigen Jahren völlig zu zerstören. Die ängstliche Politik Pieros gegenüber dem eindringenden Feind Karl VIII. zwang die Stadt, diesen abzusetzen und der republikanischen Regierung wieder zur vollen Macht zu verhelfen. Die Bevölkerung jedoch teilte sich in drei große Lager: die Anhänger der Medici; die großen Familien, deren Ziel es war, die oligarchische Regierung wiedereinzusetzen und das Kleinvolk, das von den Predigten des Girolamo Savonarola, eines Dominikaners aus San Marco - einem der höchsten Ausdrucksformen der religiösen Tradition der Stadt -begeistert war. Die Anhänger Savonarolas bewirkten eine Reform der Regierung und setzten ein neues Regime ein, in dem ein «Gran Consiglio» (großer Rat) regierte, der die Mitglieder der wichtigsten Familien umfaßte. Bald darauf jedoch erhoben sich die Medici und deren Parteigänger, begünstigt durch die Verurteilung Savonarolas, der am 23. Mai 1498 als Ketzer auf der Piazza della Signoria auf Anordnung des Papstes Alexander VI., gegen den die heftigen Predigten des Mönchs gerichtet waren, bei lebendigem Leib verbrannt wurde. Nach einem kurzen Abschnitt, in dem sich die aristokratische Republik mit der Wahl des Pier Soderini zum Gonfaloniere auf Lebenszeit festigte, erlebt die Stadt die Rückkehr der Medici, die vom Papst, verbündet mit dem König von Aragon, wiedereingesetzt wurden, dem der Rücktritt des Königs von Frankreich, Louis XII. die Vorherrschaft in Italien in die Hände spielte. Die Ernennung zum Papst zuerst des Giovanni de' Medici (Leo X.) und dann Giulios (Klemens VII.) stärkten das Prestige der Signoria der Medici. Nach der Kunde der Plünderung Roms jedoch (1527) erhebt sich das Volk und verstößt die Medici erneut unter Ausrufung der eigenen Freiheit. Es ist dies der letzte verzweifelte Versuch, die republikanische Regierung wiedereinzuführen; am 12. August 1530, nach elf Monaten Belagerung, marschieren die päpstlichen und kaiserlichen Heere gemeinsam in Florenz ein und im Jahre darauf wird Alessandro de' Medici von kaiserlicher Gnade zum «Herrn der Regierung und des Staates» ernannt. Mit dem neuen Signore, den eine Verordnung «Fürst der Republik Florenz» nennt, beginnt eine Tyrannei mit neuen von diesem kontrollierten Institutionen und einer Außenpolitik der Verbündung mit den wichtigsten regierenden Häusern in Europa: er heiratet eine natürliche Tochter Karls V. und vermählt seine Halbschwester Katherina mit dem Zweitgeborenen von Franz I., dem künftigen König von Frankreich. Die Gegner der Medici, angeführt vom verbannten Filippo Strozzi, versuchen vergeblich, Fürst Alessandro zu stürzen; der Versuch, die Medici abzulösen, mißlingt auch, als Lorenzino (oder Lorenzaccio) de' Medici 1537 Alessandro ermordet; bei dieser Gelegenheit wird Cosimo il Giovane (der Jüngere), Sohn des Giovanni delle Bande Nere aus einer jüngeren Linie der Familie, zum Nachfolger ernannt, da die Familie des Cosimo il Vecchio (der Ältere) bereits ausgestorben ist. Dem neuen Fürst, erst siebzehn Jahre alt, gelang es jedoch, sich durchzusetzen und schrittweise eine autokratische Regierung einzusetzen; es gelang ihm, die Gegnerparteien niederzuwerfen, den Staat zu stärken und durch den Kauf von Siena (1555) zu vergrößern. Cosimo, nun Herr eines Regionalstaates, was auch dem republikanischen Florenz nicht gelungen war, erhielt vom Papst einen Herrschertitel und wurde am 5. März 1570 von Pius V. zum Großherzog der Toskana gekrönt.

Gleichzeitig mit der Stärkung ihrer Macht beauftragten die Medici wichtige Arbeiten um die Kirche San Lorenzo, an die eine starke Familientradition anknüpft. Der Kardinal Giulio de' Medici (der spätere Klemens VII.) beauftragt Michelangelo mit dem Bau der **Biblioteca Laurenziana** (1523-1529) und der **Sacrestia Nuova** (1520-1534), die als Familienmausoleum dienen sollte. Der erste Bau entstand zur Aufnahme der reichen Bibliothek, die von Cosimo il Vecchio gegründet und von Lorenzo il Magnifico angereichert wurde; diese besteht aus einem Saal und einem Vestibül. Letzteres, stark nach oben strebend, weist an den Wänden zweiteilige, prunkvolle Dekorationen auf, die bereits den Barock ahnen lassen, mit starken zweiteiligen Wandpfeilern, unterbrochen durch die tief eingelegten, Scheinfenster, da das Tageslicht von oben in den Raum fällt. In der Mitte liegt die monumentale und originelle, dreiteilige Treppe, die in den kühnen und strengen, langen, rechteckigen Saal mündet, dessen Mauern von Fenstern unterbrochen und durch dunkle Lisenen aus Sandstein aufgelockert werden, die sich vom weißen Grund abheben. Die neue Sakristei ist in Wirklichkeit die Sterbekapelle der Medici; der quadratische Grundriß ist von einer Kuppel überragt, deren Steingliederungen aus Pietra Serena (Sandstein) auf dem weißen Grund die Themen der nahen Sakristei des Brunelleschi wiedergeben, wobei sich der Stil des Michelangelo jedoch grundlegend unterscheidet. Die Bauglieder der höheren Ordnung sind viel feiner und leichter, um die darunterliegenden Grabmäler hervorzuheben, die Giuliano, den Drittgeborenen des Lorenzo il Magnifico und Lorenzo II., Sohn des Piero lo Sfortunato, aufnehmen. Auch die architektonisch-dekorativen Elemente der Grundordnung weisen in die Mitte der Wände, wo die Grabkomplexe des Michelangelo angeordnet sind. Die wunderbaren Skulpturen auf den beiden Sarkophagen sind Elemente einer symbolischen Sprache, die die in einer Nische über den Urnen angeordneten Statuen der beiden Persönlichkeiten umkreist.

Im Gegensatz zu Cosimo il Vecchio, der die Stadt mit seinen Consigli regierte (die in Wirklichkeit Gesetzeskraft hatten), war Cosimo I. seit dem Beginn seiner langen Regierungszeit (1537-1574) bestrebt,

seiner Allein - und Absolutherrschaft offiziellen Charakter zu verleihen, auch durch architektonische Werke und urbanistische Tätigkeiten, die deutlich dahin zielten, das Prestige des Staates zu mehren, wobei der Staat mit dem Herrscher identifiziert wurde. Es ändern sich auch die Beziehungen zu den Künstlern, die nun nicht mehr im Auftrag der Gemeinschaft arbeiten, sondern auf Befehl des absoluten Herrschers, dessen Wille der Künstler zu deuten hat. Daher sind die neuen architektonischen Meisterwerke, sowie die Änderungen im Stadtbild eng mit der «Kulturpolitik» des Großherzogs verbunden, dessen Hauptziel in der Bestätigung der Macht des Staates lag.
Im Jahre 1540 siedeln die Medici vom Palazzo in via Larga in den Palazzo della Signoria um, der erweitert und innen ausgebaut wird; weniger Jahre später (1550) siedelt auch der Hofstaat in den Palazzo Pitti um, der ebenfalls vergrößert und geändert wird. 1560 schließlich beginnt der Bau des mediceischen Gerichts-und Verwaltungsgebäudes, die «Uffizien», ein klares architektonisches Beispiel der neuen absolutistischen Staatsform. Die spätere Erbauung des sogenannten «Korridors des Vasari» zur Verbindung des Palazzo della Signoria mit dem Palazzo Pitti ist schließlich der letzte Schritt im Rahmen der Schaffung einer eigentlichen Regierungszone im Stadtinnern, zusammen mit der bevorstehenden funktionellen Abgrenzung des Stadtbildes.
Vasari war der Künstler, der besser als alle anderen die Absichten des Cosimo I. zu deuten verstand, für den er die neuen Gebäude (**Uffizien**, **«Korridor»**, **Logge del Pesce** auf dem Mercato Vecchio) und eine Reihe von Umbauten durchführte (das Innere des Palazzo Vecchio und der Kirchen Santa Croce und Santa Maria Novella), um den Traum des Großherzogs zu verwirklichen, die Stadt zu ändern und zu verschönern, damit diese «zum Symbol der königlichen Macht und Größe des Staates werde». Seine architektonische Produktion inspiriert sich natürlich an Michelangelo, auch im Falle der glücklichen urbanistischen Lösung des großartigen Komplexes der Uffizien, wobei er einen langen und engen Platz vorsah, der von zwei strengen Gebäuden umgeben werden sollte und in dessen Hintergrund ein Triumphbogen direkt den Zutritt zum rechten Arnoufer ermöglichte.
Ein weiterer Architekt der großherzoglichen Fabbriche war Bartolommeo Ammannati, der 1560 beauftragt wurde, den **Palazzo Pitti** zu vergrößern und fertigzustellen. Das ursprüngliche Bauwerk des Brunelleschi wurde fast völlig zerstört und in seinen Proportionen verändert; im Hof jedoch schuf der Künstler sein wohl bedeutendstes Werk. Der auf drei Seiten vom Palast eingeschlossene und auf der vierten Seite von einem terrassenförmigen Parterre, das mit dem **Giardino di Boboli** in Verbindung steht, begrenzte Hof interpretiert das Rustika-Motiv der Fassade in einer neuen, originellen, bereits manieristischen Art. Im Hintergrund, fast als szenographischer Abschluß, öffnet sich in seiner Fülle der höher liegende Garten, der 1550 von Tribolo begonnen, von Ammannati fortgesetzt und schließlich von Buontalenti, Parigi u.a. fertiggestellt wurde. In diesen Jahren wirkte der Künstler an der Vollendung der Piazza della Signoria mit und schuf den monumentalen *Neptunbrunnen* mit Hilfe des Giambologna. Zwischen 1567 und 1570 schuf er sein wichtigstes Werk, den **Ponte a Santa Trinità**, der die von der Überschwemmung des Arno im Jahre 1557 völlig zerstörte mittelalterliche Brücke ersetzte. Die neue Brücke «ein Wunderwerk der Technik und des Stils zugleich», besteht aus drei eleganten, polyzentrischen Bögen, durch die spezielle «Kettenlinie» verbunden, die die Dicke der Übergänge auf ein Minimum reduziert. Unter den weiteren Bauwerken aus der Zeit des Cosimo I. sind die **Logge del Mercato Nuovo** (1547-1551) erwähnenswert, ein elegantes Werk des Giovan Battista Del Tasso, sowie der Ausbau der Verteidigungsstrukturen der Stadt, im Zuge dessen ein Großteil der Türme teilweise abgetragen wurde, zum Bau von Bollwerken und zur Erweiterung der Festungen, mit denen Michelangelo während der Belagerung im Jahre 1529 den Hügel von San Miniato umgeben hatte. Zahlreich sind auch die städtischen Neugestaltungen, mit denen bestimmte Gebiete in den Vordergrund gehoben wurden: z.B. die Säulen, die den Plätzen San Marco, Santa Trinita und San Felice errichtet wurden (heute sind nur mehr die Säulen der Piazza Santa Trinita erhalten); oder die Monumente, die Tabernakel, die Brunnen oder auch nur die Wappen oder die Büsten an den Gebäuden, zu Ehren des Großherzogs. Die Präsenz dieser Elemente ist von großer Bedeutung und weist auf die Durchsetzung einer Rangordnung der städtischen Wege und Straßen hin, die zur Erneuerung einiger Straßen der Stadt führt (via Maggio. via dei Servi, via Tornabuoni, Borgo degli Albizi, via Santo Spirito, via dei Ginori), die zu den wichtigsten Verbindungßtraßen im Stadtbild des XVI. Jahrhunderts wurden.
Weniger lebhaft gestaltete sich der Kirchenbau im Cinquecento: im Laufe des gesamten Jahrhunderts konzentrierte sich die Bautätigkeit auf die Vervollständigung bereits bestehender Gebäude (wie die Kirche *Santo Spirito*, die durch zwei Kreuzgänge des Parigi und des Ammanati ergänzt wurde), bzw. deren Erneuerung (*Santa Croce* und *Santa Maria Novella*, aber auch *Santa Maria Maggiore, Santa Trinita, San Marco, il Carmine, Ognissanti, San Michele in Visdomini*, usw.). Neubauten waren selten und wiesen außerdem beschränkte Ausmaße auf: siehe **San Giovannino dei Cavalieri**, die von Ammanati 1579 begonnen und von Parigi vollendet wurde; die Kirche **Sant'Agata** des Alessandro Allori (1592-1593), die sogenannte Kirche der **Pretoni** des Balducci und die kleinen Kirchen **San Niccolò del Ceppo** des Giambologna (1561-1563) und **San Tommaso d'Aquino** des Santi di Tito (1568).
Emsig und intensiv war hingegen die Bautätigkeit im Bereich der Herrensitze. Neben den sogenannten «städtischen Villen» (*Pitti, Casino Mediceo*) wurden neue Paläste von dem neuen Stand der Funktionäre und Bürokraten der Regierung erbaut. Diese architektonischen Werke bleiben zum Großteil der Tradition treu, und kennzeichnend sind die Paläste von nüchterner und strenger Eleganz von Künstlern wie: Ammannati (**Palazzo Giugni** in via degli Alfani; **Palazzo Ramirez de Montalvo** in Borgo degli Albizi mit Graffiti des Poccetti an der Fassade; **Palazzo Grifoni** in piazza Santissima Annunziata), Giovanni Dosio (**Palazzina Giacomini-Larderel** in via Tornabuoni und **Palazzo dell'Arcivescovado**), Santi di Tito (**Palazzo Dardinelli** in via Cavour), Baccio d'Agnolo (**Palazzo Taddei** in via Ginori; **Palazzo Cocchi** in piazza Santa Croce; **Palazzo Ciaini** in via dei Servi). Insbesondere der letztere Künstler entwickelte einen vereinfachten Herrensitz mit einer Loggia über dem Dach, wobei die Rustika-Verkleidung im wesentlichen durch Putz ersetzt wurde. Diese Konzeption ist auch in Zukunft bedeutend, wie zahlreiche Paläste aus dem

Links: der Cocchi-Palast auf der Piazza S. Croce; unten: das Casino Mediceo in der Via Cavour; ganz unten: die Loggien des Neuen Marktes. Auf der folgenden Seite der Palazzetto der Festung Belvedere.

Cinquecento bezeugen: siehe **Palazzo Gerini** in Via Ginori; **Palazzo Ginori** in via Ginori; **Palazzo Capponi** in via Santo Spirito; **Palazzo Altoviti** in Borgo degli Albizi, letzterer Palazzo «dei Visacci» (der Grimassen) genannt, da die Fassade mit fünfzehn Büsten bekannter Florentiner geschmückt ist. Die römischen Einflüsse mit einer gewissen Monumentalität sind besonders augenscheinlich im **Palazzo Pandolfini** in via Sangallo, der von Raffaello entworfen und 1520 von Aristotile da Sangallo erbaut wurde. Erinnerungen an Raffaello sind an der Fassade des **Palazzo Uguccioni** auf der Piazza della Signoria, des Matteo Folfi und am **Palazzo Bartolini-Salimbeni** auf der Piazza della Trinita des Baccio d'Agnolo erhalten, deren Fassaden mit Vorbauten, Nischen und gekreuzten Fenstern, gesäumt von Säulen, sehenwert sind.

Das Thema der «städtischen Villa» mit dem Vorläufer *Pitti* und dem anliegenden *Giardino di Boboli*, wird durch die Realisierung des sogenannten **Casino Mediceo** weiterentwickelt, das Don Antonio de' Medici 1574 erbauen ließ. Der Bau führt uns in das Werk des Bernardo Buontalenti, Nachfolger des Vasari und des Ammannati in die großherzoglichen Fabbriche, ein. Die vielfältige Tätigkeit dieses Künstlers umfaßt eine Reihe von Architekturen, in denen eine große Einfachheit und Formenreinheit häufig mit merkwürdigen und in vielen Fällen grotesken Dekorationen verbunden ist. Im «*Casino Mediceo*» errichtet er ein großes Bauwerk vorwiegend horizontaler Entwicklung, in dem die glatten Mauern mit Putz durch die gleichförmige Anordnung der nigen Fenster gekennzeichnet sind, die im Erdgeschoß durch wunderliche Konsolen und Muscheln bereichert sind. Unter den übrigen zivilen Bauwerken des Buontalenti ragt neben den verschiedenen Palazzi der Stadt (natürlich dürfen die bekannten ländlichen Villen der Medici: Artimino, Ambrogiana, usw. nicht vergessen werden) der **Palazzo Nonfinito** hervor, den er 1592 für Alberto Strozzi begann und der dann von Caccini und Cigoli vollendet wurde. Dieses Gebäude seltener Monumentalität im Rahmen der Renaissancebauten der Stadt bildet einen beispielhaften Ausdruck der architektonischen Kultur von Florenz im späten Cinquecento, die immer noch an die besten Formen der Renaissancetraditionen anknüpft und die in Rom experimentierten Neuigkeiten kaum annimmt, wobei Rom nun zum Zentrum des intellektuellen und künstlerischen Lebens in Italien wird. Dem umfassenden Schaffen des Buontalenti entstammt auch die Festung **Fortezza di Santa Maria del Belvedere**, die im Auftrage des Großherzogs Ferdinand I. zwischen 1590 und 1595 erbaut wurde. Das Ziel, eher die Stadt zu überragen als zu verteidigen, wird nun auch durch die Lage der Festung mit sternförmigem Grundriß und hohen, bewußt aufgegliederten Bollwerken bekräftigt. Aber der beispielhafteste und künstlerisch wichtigste Aspekt des «Forte» besteht in der «*Palazzina*», die die Festung überragt, mit ungleichmäßiger, aber harmonischer Verteilung der nüchternen Öffnungen und mit der Erfindung des doppelten Bogenganges mit Architraven, der sich nach beiden Richtungen hin öffnet. Das «*Forte del Belvedere*» entsteht neben einer weiteren Festung, die in den Jahren zwischen 1534 und 1535 an der nordwestlichen Seite der Mauern errichtet wurde, die **Fortezza di San Giovanni Battista**, später **«da Basso»** genannt, als Gegenüberstellung zur Fortezza di Belvedere, die die Stadt überragt, nach einem Entwurf des Antonio da Sangallo und von Alessandro Vitelli und Pier Francesco da Viterbo erbaut. Der mächtige Bau mit fünfeckigem Grundriss und den durch Bollwerken verstärkten Ecken bildete zu Beginn der Herrschaft der Medici eine wahre Zitadelle, die die ersten Herrscher erbauen ließen, um bei Volkserhebungen über eine sichere Zuflucht zu verfügen.

RELIGIÖSE BAUWERKE

S. CROCE

Im Inneren findet man **Grabdenkmäler** berühmter Persönlichkeiten aus Kunst und Kultur, sowie zahlreiche Kappelen, darunter die **Kapelle Bardi** mit Fresken Giottos. Der **Kreuzgang** führt zu der **Kapelle der Pazzi**.

DAS KLOSTERMUSEUM VON S. CROCE

Im Inneren des Kreuzgangs sehen wir das Fresko Gaddis mit dem *Baum des Kreuzes* und das brühmte *Kruzifix* Cimabues.

S. MARIA NOVELLA

Die Kirche hat eine Fassade Albertis. Im Inneren: Fresken Ghirlandaios in der **Hauptchor-Kapelle** und das große *Jüngste Gericht* in der **Kapelle der Strozzi von Mantova**.

DIE KAPELLE DER SPANIER

Sie befindet sich im Kloster von S. Maria Novella und ist im Inneren mit *Fresken* Andrea di Bonaiuto ausgeschmückt.

S. LORENZO

Die Basilika befindet sich dort, wo die älteste Kirche der Stadt stand. Im Inneren: die herrlichen *Bronze-Kanzeln* Donatellos und die **Alte Sakristei** Brunelleschis.

DIE MEDICI-KAPELLEN (Piazza Madonna degli Aldobrandini)

Im Inneren: große Krypta, die prunkvolle **Fürstenkapelle** mit den Grabmälern der Medici und die **Neue Sakristei** von Michelangelo.

SS. ANNUNZIATA

Kloster des Serviten-Ordens. Im Inneren: der **kleine Kreuzgang der Gelübde**, das **Tabernakel der Verkündigung** und der **Kreuzgang der Toten**.

DER PLATZ DER SS. ANNUNZIATA

Aufgrund seiner symmetrischen Anlage eindrucksvoller Platz. Hier sieht man die **Säulenhalle** der **Bruderschaft der Serviten** und des **Findelhauses**. In der Mitte befinden sich der **Brunnen Taccas** und das **Reiterstandbild Ferdinand I. de' Medici**.

SAN MINIATO AL MONTE (viale Galileo Galilei)

Sie befindet sich in der Nähe des Piazzale Michelangelo. Im Inneren: die eindrucksvolle **Krypta**, das **Prebyterium** mit den wunderschönen *Mosaiken* und die **Sakristei**. Vor der Kirche befindet sich der **Monumentalfriedhof** und der **Bischofspalast**.

WEITERE SEHENSWERTE KIRCHEN

Ognissanti: im Refektorium, *Abendmahl* Ghirlandaios.
Am linken Arnoufer (oltrarno): **San Frediano in Cestello**, **Santo Spirito** von Brunelleschi und **S. Maria del Carmine** mit der **Brancacci-Kapelle** mit einem Freskenzyklus Masaccios. Erwähnenswert sind auch: *S. Salvatore al Vescovo an der Piazza dell'Olio; die **Badia Fiorentina** in der via del Proconsolo; **San Carlo dei Lombardi** in der via Calzaioli, San Salvi mit einem Abendmahl* Andrea del Sartos; **SS. Apostoli** und **S. Gaetano** an der Piazza Antinori. Im Inneren der **Kirche Santa Trinita** sehen wir die Bedeutenden Fresken Ghirlandaios in der **Sassetti-Kapelle**.

VENANZIO
CROCETTI

Gegenüber: zwei Ansichten der großartigen Basilika S. Croce; oben: der Innenraum der Basilika und rechts: die Kanzel des Benedetto da Maiano.

S. CROCE

Dieses Bauwerk ist einzigartig, nicht nur der Reinheit seines gotischen Stils wegen, sondern auch aufgrund der berühmten Kunstwerke, die es enthält und seiner Bedeutung für die Geschichte. Die Basilika von S. Croce, die zu den größten Kirchen der Stadt gehört, wird der Genialität des Arnolfo di Cambio zugeschrieben, der 1294 mit der Errichtung der Kirche begonnen haben soll. Die Arbeiten setzten sich bis in die zweite Hälfte des 14. Jahrhunderts fort; die Weihung geht auf das Jahr 1443 zurück. Die dreigieblige Fassade stammt aus dem 19. Jahrhundert (ein Entwurf von N. Matas), und auch der ***Kampanile*** *in gotisch wirkendem Stil stammt aus dem vorigen Jahrhundert (1847, nach einem Entwurf von G. Baccani). Längs der linken Seite verläuft ein Portikus mit leichten Bögen, unter dem sich das* Grabmal *von Francesco Pazzi aus dem 14. Jahrhundert befindet. Auf der rechten Seite befinden sich dagegen die* ***Kreuzgänge*** *mit der* ***Cappella Pazzi*** *im Hintergrund und das* ***Museo dell'Opera di S. Croce****.*

Der großartige Innenraum ist dreischiffig und wird von schlanken oktogonalen Pfeilern, die die großen spitzbogigen Arkaden mit doppeltem Rahmen tragen, unterteilt. Einige Umbauten des 16. Jahrhunderts ließen den Innenraum der Kirche an Schönheit einbüßen. Der

GALILAEVS GALILEIVS PATRIC. FLOR.
GEOMETRIAE ASTRONOMIAE PHILOSOPHIAE MAXIMVS RESTITVTOR
NVLLI AETATIS SVAE COMPARANDVS
HIC BENE QVIESCAT
VIX. A. LXXVIII. OBIIT. A. CIↃ. IↃ. C. XXXXI
CVRANTIBVS AETERNVM PATRIAE DECVS
X.VIRIS PATRICIIS SACRAE HVIVS AEDIS PRAEFECTIS
MONIMENTVM A VINCENTIO VIVIANIO MAGISTRI CINERI SIMVL
TESTAMENTO E.I.
HERES IO. BAPT. CLEMENS NELLIVS IO. BAPT. SENATORIS F.
LVBENTI ANIMO ABSOLVIT.
AN. CIↃ. IↃ. CCXXXVII

Auf der Seite gegenüber, oben links: das Grabmal Michelangelos, rechts: das Grabmal des Galileo Galilei. Unten: das Tabernakel der Verkündigung mit einem Detail vom Engel des Donatello. Auf dieser Seite, oben links: das Grabmal des Alfieri und rechts: das des Macchiavelli. Unten: das Grabmal von Dante Alighieri.

Fußboden ist bis zum Ende des Kirchenschiffes mit alten Grabplatten bedeckt; die Kirche besitzt eine Decke mit Hängewerk bis dort, wo das mit zahlreichen Kapellen ausgestattete Querhaus beginnt: Hier befindet sich die **Cappella Maggiore** mit der Legende von S. Croce *(1380) von Agnolo Gaddi. Am Altar sieht man das Polyptychon* mit der Madonna und Heiligen *von Gerini und darüber* das Kruzifix *aus der Schule des Giotto. Die innere Fassade weist ein schönes Fenster auf mit der* Kreuzabnahme *(Vorlage von Lorenzo Ghiberti). Unten rechts befindet sich* das Grabmonument des Gino Capponi *(1876), links das* von G. B. Niccolini *(1883). Im Hauptschiff steht eine wunderschöne marmorne* Kanzel *von Benedetto da Maiano (1472-76). Im rechten Kirchenschiff sieht man am ersten Altar eine* Kreuzigung *von Santi di Tito (1579); am ersten Pfeiler befindet sich die berühmte* Madonna der Milch, *ein Basrelief von Antonio Rossellino (1478). Die* Fenster *stammen vom Ende des 14. Jahrhunderts. Längs der Wand des rechten Kirchenschiffes befinden sich die berühmtesten Grabmonumente. Unter ihnen befinden sich* das des Michelangelo *von Vasari (1579),* das des Alfieri *von Canova (1803) und* das des Machiavelli *von I. Spinazzi (1787). Hinter dem vierten Altar befinden sich Überreste von* Fresken des Orcagna; *dahinter sieht man* das schöne Fresko *von Domenico Veneziano (1450)* mit Johannes dem Täufer und dem Heiligen Franz. *Es folgt das*

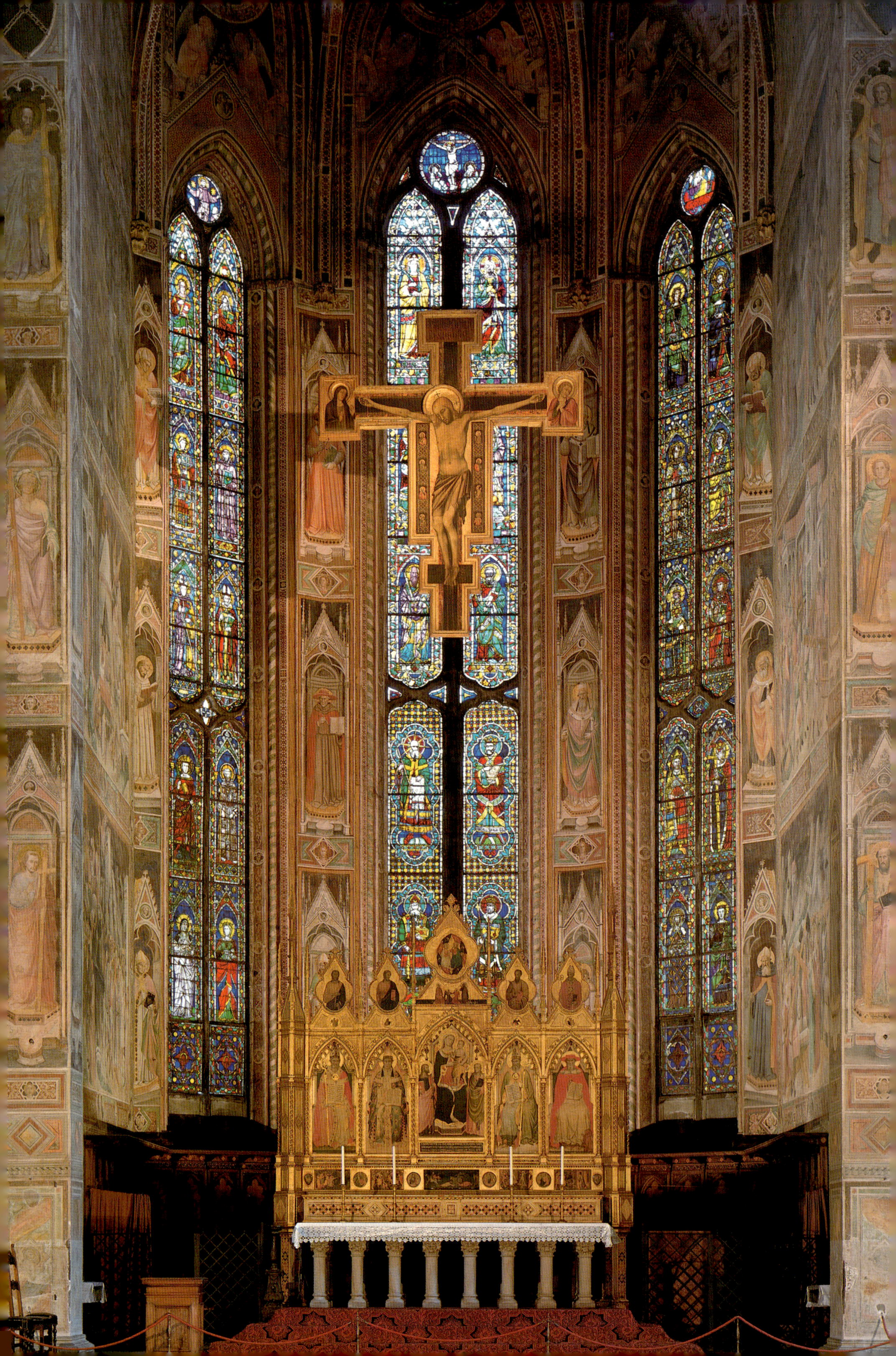

Auf der Seite gegenüber: die Hauptkapelle von S. Croce; rechts: die Bardi-Kappelle mit dem Tafelbild mit dem Heiligen Franz von einem unbekannten Künstler des 13. Jhs.; unten: das Fresko von Giotto mit dem Begräbnis des Heiligen Franz.

Tabernakel aus Pietra Serena von Donatello und Michelozzo und die Verkündigung *(1435), ebenfalls von Donatello. Sehenswert sind hier auch* das Grabmal des Leonardo Bruni *von Bernardo Rossellino; das* Grabmonument von Rossini *und das von* Foscolo. *Im rechten Teil des Querschiffes findet man die* ***Cappella Castellani****, die von Agnolo Gaddi (1385) mit herrlichen Fresken mit* Szenen aus dem Leben von Heiligen *ausgemalt wurde. Auf dem Altar befindet sich das* Kruzifix *des Gerini. Am Ende des Querhauses befindet sich die* ***Cappella Baroncelli*** *mit dem herrlichen gotischen* Grabmal *der gleichnamigen Familie und einer* Lünette mit der Madonna *von Taddeo Gaddi. An den Wänden befinden sich Fresken mit* Szenen aus dem Leben der Maria, *ebenfalls von Taddi und die* Madonna della Cintola *von Bastiano Mainardi (1490); auf dem Altar sieht man die* Krönung der Jungfrau Maria *von Giotto. Durch das* Portal *von Michelozzo gelangt man in die* ***Sakristei****, in der die* ***Cappella Rinuccini*** *besichtigt werden kann, die mit Fresken mit* Szenen aus dem Leben der Magdalena und der Jungfrau Maria *von Giovanni da Milano ausgemalt wurde. Schön ist auch das* Altarbild *von Giovanni del Biondo (1379). Hinten gelangt man in die Cappella Medici von Michelozzo, die im Auftrag von Cosimo dem Älteren entstand; hier kann man ein herrliches Basrelief von Donatello bewundern und einige Werke der Della Robbia. Im mittleren Teil des Querhauses befinden sich verschiedene Kapellen (14. Jahrhundert), die bedeutende Kunstwerke enthalten. Unter ihnen befindet sich die* ***Cappella Velluti*** *mit* den Szenen aus dem Leben des Erzengels Michael, *die vielleicht von Cimabue stammen; die* ***Cappella Peruzzi*** *und die* ***Cappella Bardi*** *mit Fresken von Giotto mit den Szenen* aus dem Leben des Evangelisten Johannes *(1320)* und dem Heiligen Franz *(1318); die* ***Cappella Tosinghi*** *mit der* Mariä Himmelfahrt, *ebenfalls von Giotto; die* ***Cappella Pulci*** *mit Fresken von Bernardo Daddi. Im linken Kirchenschiff ist das* Grabmal des Marsuppini *von Desiderio da Settignano sehenswert.*

Auf der Seite gegenüber: die Baroncelli-Kapelle; auf dieser Seite, oben rechts: das Tafelbild von Giotto mit der Krönung der Jungfrau, die sich in derselben Kapelle befindet; unten: die Castellani-Kapelle mit dem Kruzifix von Niccolò di Pietro Gerini.

Oben: dis Sakristei mit der Rinuccini-Kapelle; unten: die Pazzi-Kapelle. Auf der Seite gegenüber, oben: die Kuppel des Brunelleschi von der Pazzi-Kapelle und unten: der Altar.

DIE KAPELLE DER PAZZI
UND DAS KLOSTERMUSEUM VON S. CROCE

*Am Ende des **Ersten Kreuzganges** der Basilika befindet sich die **Cappella de' Pazzi**, ein kühnes Bauwerk des Brunelleschi, der 1443 mit der Errichtung der Kapelle begann. Die Dekorationen stammen von Desiderio da Settignano, Luca della Robbia, Giuliano da Maiano. Der Kapelle ist ein Pronaos auf korinthischen Säulen vorgebaut. Die kleine zylindrische Kuppel mit konischem Dach und runder Laterne wurde 1461 fertiggestellt. Der Innenraum ist ein Inbegriff der Renaissance-Harmonie mit seinen weißen Wänden, die von grauen Steinlisenen gegliedert werden. Auf der rechten Seite des **Kreuzganges** befindet sich in den Räumen des **Refektoriums** das **Museo dell'Opera di S. Croce**.*

Oben: das Refektorium von S. Croce; unten links: das Kruzifix des Cimabue und rechts: ein Tabernakel der Della Robbia im Museum von S. Croce.

Oben: der Hof des Kreuzgangs von S. Croce; rechts: die Dante-Statue auf dem Treppenaufgang zur Basilika S. Croce.

DAS KLOSTERMUSEUM VON S. CROCE
Das Museum darf sich einer Sammlung bedeutender florentinischer Kunstwerke des 14. bis 16. Jahrhunderts rühmen. Unglücklicherweise beeinträchtigen die Schäden der Überschwemmung von 1966 oft den vollen Genuß dieser Schätze. Dies trifft auf den ebenso berühmten wie traurigen Fall der Kreuzigung von Cimabue zu, die an der rechten Wand des ***Refektoriums*** *ausgestellt wird (an der hinteren Wand befindet sich das riesige Fresko von Taddeo Gaddi mit dem* Baum *des Kreuzes* und *Szenen aus* dem Leben der Heiligen*). In diesem Museum befinden sich außerdem Meisterwerke von Maso di Banco, Orcagna, Donatello, Della Robbia, Veneziano und Bronzino.*

Oben: die Fassade von S. Maria Novella; links: einer der Obelisken auf dem Platz. Auf der Seite gegenüber: zwei Bilder der großen Kapelle der Spanier.

S. MARIA NOVELLA
Die Errichtung dieser Kirche wurde 1246 von den Domenikanermönchen Sisto da Firenze und Ristoro da Campi dort begonnen, wo ehemals im 10. Jahrhundert das Dominikaneroratorium S. Maria delle Vigne stand. Die Kirchenschiffe entstanden 1279, und in der zweiten Hälfte des 10. Jahrhunderts wurde die Kirche mit ihrem **Kampanile** *und der* **Sakristei** *von Jacopo Talenti vollendet. Die herrliche Fassade wurde zwischen 1456 und 1470 von Leon Battista Alberti erneuert (die ursprüngliche Fassade stammte aus den ersten Jahren des 14. Jahrhunderts), der auch das wunderschöne Portal und den ganzen Fassadenabschnitt darüber gestaltete, der von Intarsienquadraten untergliedert ist und von den Wappen der Familie Rucellai, der Auftraggeber des Werkes, begrenzt wird. Zwei große umgekehrte Voluten verbinden die Seitenteile mit dem mittleren Teil, der von vier Halbpfeilern gegliedert wird und oben von einem dreieckigen Tympanon gekrönt ist.*

S. MARIA NOVELLA
INNENRAUM
Die Kirche enthält zahlreiche Werke aus dem 14. bis 16. Jahrhundert. Besonders sehenswert sind das Denkmal der Seligen Villana *von Rossellino (1451), die* Büste des Hl. Antonius *(Terrakotta) und das* Grabmal des Bischofs von Fiesole *von Tino da Camaino; die wunderschöne* Grabplatte des Leonardo Dati *von Ghiberti (1423); das* Grabmal des Filippo Strozzi *von Benedetto da Maiano*

P

1491); die Rosenkranz-Madonna *des Vasari (1568); das* Wunder Jesu *des Bronzino. Besondere Aufmerksamkeit sollte der* **Cappella Maggiore** *(oder Cappella dei Tornabuoni) zuteil werden; auf dem Altar sieht man ein schönes* Bronze-Kruzifix *des Giambologna und die Fresken mit den* Szenen aus dem Leben des HL. Johannes des Täufers *und* Szenen aus dem Leben der Madonna *von Domenico Ghirlandaio (Ende 15. Jahrhundert). Auch die* **Cappella Gondi** *ist sehenswert, sie ist ein Werk des Giuliano da Sangallo und weist in ihrem Gewölbe* Überreste von Fresken *griechischer Künstler des 13. Jahrhunderts auf und an der hinteren Wand das berühmte* Kruzifix *des Brunelleschi. Die* **Cappella Strozzi di Mantova** *enthält an ihrer hinteren Wand Fresken des* Jüngsten Gerichts, *an der rechten Wand die* Hölle *und an der linken das* Paradies *von Nardo di Cione oder Orcagna. Durch die Gittertür links der Fassade gelangt man in den* **Ersten Kreuzgang** *in romanischem Stil (1350), der mit* Fresken mit Szenen aus dem Alten Testament *von Paolo Uccello ausgemalt ist (sie werden heute im* **Refektorium** *aufbewahrt).*
Von hier gelangt man über den kleinen **Kreuzgang der Toten** *in den* **Großen Kreuzgang**, *der über fünfzig Arkaden hat und ganz mit Fresken Florentiner Meister des 15. und 16. Jahrhunderts ausgemalt ist.*

DIE KAPELLE DER SPANIER
In den alten Kapitelsaal des Klosters gelangt man durch ein Portal auf der Nordseite des **Ersten Kreuzganges** *(Grüner Kreuzgang). Er ist ein Werk von Jacopo Talenti (1359) und war für Eleonora di Toledo, die Frau Cosimos*

Auf der Seite gegenüber, oben: zweifarbige Bögen begrenzen S. Maria Novella auf der rechten Seite; unten: der große Kreuzgang. Auf dieser Seite: einige Teilansichten der großen Kapelle der Spanier.

Oben: die Fassade der Kirche S. Lorenzo; links: der Kreuzgang; gegenüber, oben: der Innenraum der Kirche und unten: eine der Bronzekanzeln des Donatello.

I. und die Gottesdienste ihres Gefolges bestimmt. Er wurde vollständig von Andrea di Bonaiuto (Mitte des 14. Jahrhunderts) mit Fresken ausgemalt; es werden Szenen dargestellt, die sich nach dem Vorbild der wahren Buße des Priors Jacopo Passavanti richten, einer exemplarischen Apologie des Dominikanerordens des Heiligen Dominikus und Heiligen Thomas von Aquin.

S. LORENZO

Dies ist die älteste Kirche der Stadt (sie wurde von dem heiligen Ambrosius 393 geweiht); sie wurde nach einem romanischen Bauplan 1060 rekonstruiert. Der heutige Kirchenbau geht auf das Jahr 1423 zurück und auf Brunelleschi. Die in ihrer Nacktheit zugleich großartige und bewegende Fassade blieb ohne Marmorinkrustation (das entsprechende Projekt Michelangelos wurde nie verwirklicht). Im Innenraum sind unter anderem die beiden Bronzekanzeln des Donatello sehenswert, weiter kann man die Kantorei und die Alte Sakristei sehen, ein Erstlingswerk von Brunelleschi (1419-28).

DIE MEDICI-KAPELLEN

Dieser weitläufige Gebäudekomplex, in dem sich die Gräber der Medici befinden, erhebt sich auf der Rückseite der Kirche San Lorenzo, deren Untergeschoss, sowie auch andere weite Räume, die Kapelle einnimmt. Durch den Eingang gelangt man in einen sehr großen, niedrigen Raum, der nach Plänen Buontalentis entstand und in dem wir die Gräber Cosimos des Alten, Donatellos, der Lothringer und anderer Großherzöge finden. Über eine Treppe gelangt man in die große **Fürstenkapelle**, für deren Planung und teilweise Ausführung Nigetti von 1602 bis zur Fertigstellung 1700 verantwortlich war (Buontalenti brachte einige Veränderungen an). Der Raum ist achteckig; seine Wände sind vollständig mit Stein und Marmor im barocken Stil verkleidet. Oberhalb des Sockels mit den 16 Wappen der Städte des Großherzogtums Toskana befinden sich die sechs Grabmäler der Großherzöge Cosimo III., Francesco I., Cosimo I., Ferdinando I., Cosimo II. und Ferdinando II. Zwei davon werden mit der Statue der Großherzöge von Tacca bekrönt. Über einen Gang gelangt man von der Fürstenkapelle in die **Neue Sakristei**.

Links: die Kuppel der Prinzen-Kapelle; unten: eine Teilansicht des belebten Borgo S. Lorenzo. Gegenüber, oben: das Innere der Kuppel der Prinzen-Kappelle und unten: der Altar.

COSMVS·I·M·DVX·ETR
FERDINANDVS·I·M·D·ETR

Auf dieser Seite: die drei Wappen von Florenz, Pisa und Siena, die Einlegearbeiten sind und die Wände der Prinzen-Kapelle schmücken. Auf der Seite gegenüber: einige Details aus Werken Michelangelos in der Neuen Sakristei; oben links: das Grabmal von Giuliano, Herzog von Nemours; rechts das Grabmal von Lorenzo, Herzog von Urbino; unten: die Madonna mit Kind zwischen den Heiligen Cosma und Damiano.

Auf den beiden folgenden Seiten befinden sich gegenüber: oben: die Nacht und der Tag und unten: die Morgenröte und die Abenddämmerung, Werke von Michelanglo, die sich auf den Grabmälern der beiden Medici-Herzöge befinden.

DIE NEUE SAKRISTEI

In der Nähe des linken Querschiffes der ***Basilika von S. Lorenzo*** *befindet sich die* ***Neue Sakristei****, zu der man von den* ***Medici-Kapellen*** *aus Zugang hat. Diese Sakristei ist ein Werk Michelangelos (1520), das mit der rhythmischen Dynamik seiner Ornamente das gemessene Gleichgewicht des von Brunelleschi gestalteten Raumes durchbricht. Es befinden sich hier die* Grabmäler der Medici *von Michelangelo, das Grab von* Giuliano, *dem Herzog von* Nemours *und das von* Lorenzo, *dem Herzog von Urbino. Das Grabmal des ersteren wird von den Statuen des* Tages *und der* Nacht *bewacht, während bei dem Grabmal des zweiten die* Abenddämmerung *und die* Morgenröte *Wache halten.*

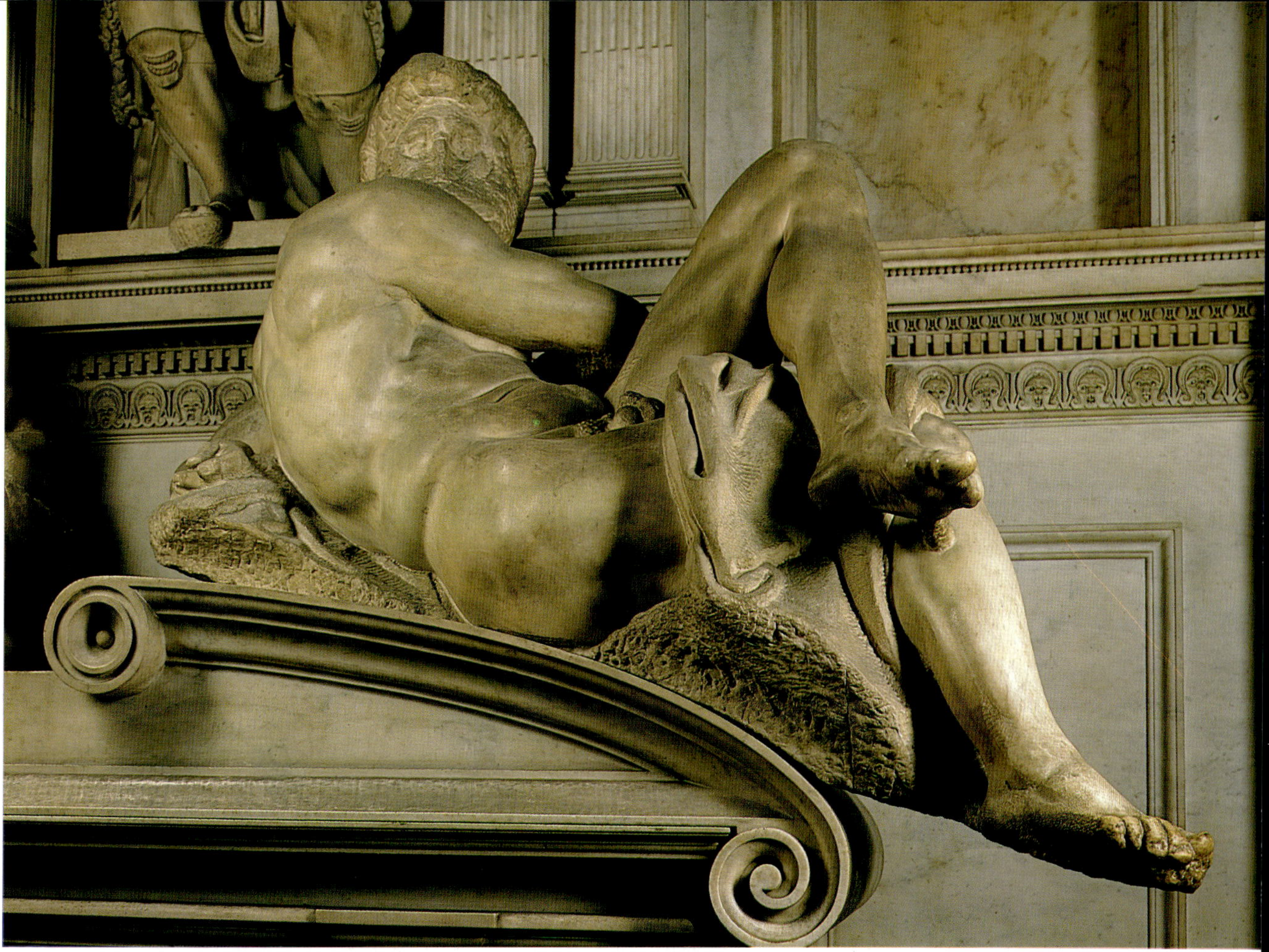

Oben: das Findelhaus Ospedale degli Innocenti, dem die Reiterstatue von Ferdinando I. der Medici gegenüber steht. Unten links: einer der Brunnen des Tacca und rechts: eins der Tondi des Findelhauses, die von Andrea della Robbia stammen.

DER PLATZ DER SS. ANNUNZIATA

*Wenn man aus der **Kirche der SS. Annunziata** heraustritt befindet sich rechterhand der Komplex des **Ospedale degli Innocenti** (der Entwurf stammt von Brunelleschi, das Bauwerk wurde von F. Luna 1445 beendet). Die Fassade besteht aus einem wunderschönen Bogengang aus neun Bögen, die mit vielfarbigen Terrakotten geschmückt sind, die Putten in Wickelkissen darstellen (hier wurden Waisen aufgenommen), von Andrea della Robbia (1463). Im Innern befindet sich ein wunderschöner Hof, und im ersten Stockwerk gibt es eine **Sammlung abgelöster Fresken** und die **Galerie des Ospedale**. Links der Kirche*

Oben: die Fassade der Kirche SS. Annunziata; rechts: der Kreuzgang der Votivgaben im Innern des Bauwerkes.

und gegenüber dem Waisenhaus sieht man den **Bogengang der Confraternita dei Servi di Maria**, *der eine Nachahmung des ersteren ist. Er ist ein Werk des Antonio da Sangallo dem Älteren und Baccio d'Agnolo (1516-25). In der Mitte des Platzes* steht das Reiterstandbild von Ferdinando I. de' Medici. *Es ist praktisch ein Zwillingsstandbild zu dem von Cosimo I. auf der Piazza della Signoria, und auch dieses stammt von Giambologna, wurde aber von Tacca vollendet (1608).* Ebenfalls von Tacca sind die beiden Brunnen am Rand der Piazza, die *genau symmetrisch zueinander angelegt wurden. Sie gehen auf das Jahr 1629 zurück und waren für den Hafen von Livorno bestimmt. Die* Bronzebrunnen stellen Seeungeheuer *und groteske Figuren im Stil des 17. Jahrhunderts dar, die einen* bedeutenden künstlerischen Wert besitzen.

SS. ANNUNZIATA

Diese Kirche entstand außerhalb des zweiten Mauerrings als Oratorium (1250) des Servitenordens.

Michelozzo, Pagno Portinari und Antonio Manetti verliehen ihr zwischen 1444 und 1481 (mit Vorschlägen von L. B. Alberti) ihr heutiges Aussehen. Die Fassade weist einen Portikus auf korinthischen Säulen auf. Das Mittelportal führt in den kleinen Kreuzgang ***Chiostrino dei Voti*** *(1447), einen malerischen Ort mit Lünetten, die mit Fresken von Rosso Fiorentino, Pontormo und Andrea del Sarto (1511-13) ausgemalt sind. Der Innenraum der Kirche, der in der Mitte des 17. Jahrhunderts umgebaut wurde, besteht aus einem einzigen großen Kirchenschiff, an dessen Flanken sich die Bögen der Kapellen öffnen. Besonders sehenswert ist die wunderbare* Kassettendecke *von Volterrano (1664). Links des Querhauses gelangt man in den Kreuzgang* ***Chiostro dei Morti*** *(1453) mit* Fresken *des Poccetti.*

DAS BAROCK IN FLORENZ

Was den Bereich der Architektur anbelangt, so finden wir in Florenz nicht so viele barocke Bauwerke wie in Rom. Die ***Fürstenkapelle*** *von San Lorenzo ist zweifelsohne das Bauwerk, das die meisten barocken Stilelemente aufweist, sie wurde von don Giovanni de' Medici, Buontalenti und Nigetti geschaffen, letzterer war auch an dem Bau der* ***Chiesa di San Gaetano*** *beteiligt und in größerem Umfang an der Fassade der* ***Chiesa di Ognissanti****. In der* ***Chiesa della SS. Annunziata*** *finden wir ein prächtiges, wenn auch späteres Beispiel des Barocks römischer Prägung. Was die privaten Gebäude betrifft, so haben die Paläste der adligen Florentiner Familien im 17. Jh. keine barocken Veränderungen erfahren, sondern hielten sich streng an die Vorschriften des 15. und 16. Jh., was die Erweiterungen der* ***Palazzi Pitti, Medici-Riccardi*** *und* ***Capponi*** *deutlich machen.*

Links oben: der Innenraum der Kirche SS. Annunziata; unten: ein Detail von der Decke; gegenüber: das Tabernakel der Annunziata im Innern der Kirche.

MAR GLORIOSS VIRG
GVILIELMVS CARDINALIS
ROTOMAGENSIS CVM
SVPERNI INTERRIS NVNTII
MVNERE FVNGERETVR
LEGATI RATVS OFFICIVM
ET INNVMERIS MIRACVLIS
RELIGIONE MOTVS
ANNVNTIATAE ARAM
CVM CELEBRITATE AC
POMPA SACRAVIT
VIII KLEN IANVAR

Oben: die Fassade der Kirche S. Miniato al Monte; links: die Kruzifix-Kapelle des Michelozzo und gegenüber: der Innenraum der Kirche.

S. MINIATO AL MONTE
Diese Kirche entstand etwa im 4. Jahrhundert und verdankt ihre heutige Struktur dem Bischof Hildebrand (1014). Der untere Teil der Fassade ist durch kostbare Arkaden geschmückt; der obere Teil weist ein schönes Mosaik aus dem 12. Jahrhundert mit Christus zwischen der Madonna und dem HL. Minias *auf. Die Kirche mit ihrem* ***Kampanile*** *aus dem 16. Jahrhundert, der unvollendet blieb und während der Belagerung von Florenz 1530 beschädigt wurde, der* ***Bischofspalast****, die* ***Befestigungsanlagen*** *und der* ***monumentale Friedhof*** *befinden sich auf dem Gipfel des Hügels, der Hügel der Kreuze genannt wird und über dem unter ihm liegenden Piazzale Michelangelo die ganze Stadt überragt.*

S. MINIATO
INNENRAUM
Der Innenraum dieser wunderbaren, im Stil der florentinischen Romanik errichteten Kirche (sie hatte ursprünglich den benediktinischen Nonnen gehört und war dann 1373 in den Besitz der Olivetaner-Mönche übergegangen) ist dreischiffig und besitzt eine Holzdecke. Sehenswert ist der mit Marmorintarsien geschmückte Fußboden des Mittelschiffs, der mit Sternzeichen und Symbolen aus dem Tierkreis *geschmückt ist. An den Wänden befinden sich Überreste von* Fresken *aus dem 13. und 14. Jahrhundert. Bedeutend ist die große* ***Krypta****, die von einem kostbar gearbeiteten schmiedeeisernen* Gitter

Oben: das Mosaik mit Christus auf dem Thron im Weihwasserbecken der Apsis von S. Miniato; untern: die Krypta; gegenüber: zwei Bilder der Fresken von Spinello Aretino in der Sakristei.

(1338) verschlossen ist. Der Altar *(11. Jahrhundert) enthält die Gebeine des HL. Minias; an den Gewölben befinden sich* Überreste *von* Fresken *von Taddeo Gaddi (1341). Wunderschön ist das erhöhte* **Presbyterium** *mit seiner schönen Kanzel (1207) und einem mit Holzintarsien geschmückten* Chorgestühl. *In der Rundung der Apsis befindet sich ein großes Mosaik, das den* segnenden Christus zwischen der Madonna und den Heiligen *darstellt (1297). Rechts des Presbyteriums gelangt man in die* **Sakristei**, *die ganz mit Fresken von Spinello Aretino (1388) ausgemalt ist; sie stellen die sechzehn* Episoden aus der Legende des Heiligen Benedikt *dar. Im Presbyterium gelangt man links über eine Treppe in die* **Cappella di S. Jacopo**, *oder « Cappella del Cardinale del Portogallo », die von Antonio Manetti entworfen wurde und mit fünf wunderschönen Rundbildern geschmückt ist.*

ABENDMAHL DES GHIRLANDAIO

In der ***Chiesa d'Ognissanti*** *(sie entstand 1256, wurde im 17. Jahrhundert jedoch weitgehend umgebaut) sieht man, wenn man den* ***Kreuzgang*** *des Michelozzo hinter sich gelassen hat und in das* ***Refektorium*** *gelangt, eins der Meisterwerke von Domenico Ghirlandaio. Es handelt sich um das Abendmahl (1480), das einiger Neuigkeiten in der künstlerischen Gestaltung wegen — die Haltung der Apostel und vor allem die zarte, heitere Landschaft hinter ihnen — wohl Leonardo da Vinci beeinflußt haben mag, der das Werk zwei Jahre bevor er Florenz verließ sah.*

S. FREDIANO IN CESTELLO

Die Chiesa di S. Frediano in Cestello ist, obwohl ihre Fassade unvollendet blieb, eins der seltenen Beispiele des Barocks in Florenz. Die Kirche ist ein Werk des Antonio Maria Ferri (nach einem Entwurf des Römers Cerutti), 1680-89, von ihm stammt auch die Kuppel mit Tambour (1698). Im Innenraum befindet sich das kostbare Fresko der Kuppel, ein Werk des Gabbiani (1701-1718). Der Name Cestello (Körbchen) stammt wahrscheinlich von dem nahen Getreidespeicher Cosimos III., der auf dem östlichen Teil des Platzes steht.

S. SPIRITO

S. Spirito war von Brunelleschi als eine Zwillingskirche von S. Lorenzo erdacht worden. Die Fassade wurde jedoch niemals vollendet. Auch die Kuppel ist ein Werk des Brunelleschi, während der ***Campanile*** *von Baccio d'Agnolo (1503) stammt. Der Innenraum ist eins der kostbarsten Beispiele der Renaissance-Architektur.*

Links: die Kirche Ognissanti; unten: das Abendmahl des Ghirlandaio im Refektorium, das an die Kirche angeschlossen ist. Gegenüber, oben: die Kirche S. Frediano in Cestello und unten: die Kirche S. Spirito.

S. MARIA DEL CARMINE
S. Maria del Carmine ist ein Bauwerk aus dem 14. Jahrhundert, das bei einem Brand 1771 fast vollständig zerstört wurde. In seinem Innern befindet sich die ***Cappella Brancacci****, in deren rechtem Querschiff ein Freskenzyklus von Masolino und besonders von Masaccio zu sehen ist, der aus den Jahren 1425 bis 1428 stammt (von Masolino stammt sicher die Versuchung Adams, von Masaccio die berühmte Vertreibung aus dem Paradies und eine Serie von Szenen aus dem Leben des Heiligen Petrus, unter anderem die bekannte Episode des Tributs an den Zöllner). Die Fresken wurden von Filippino Lippi vollendet.*

DIE BRANCACCI-KAPELLE: DAS RESTAURIERTE WERK
In diese Kapelle befindet sich einer der schönsten Frenkenzyklen der westlichen Welt, und das dank der Malereien des Masaccio, der hier mit Masolino zusammen von 1425 bis 1427 tätig war. Filippino Lippi hat die Geschichte fünfzig Jahre später vollendet. Die vor kurzem beendete Restaurierung (1984-1988) hat die Eingriffe der Vergangenheit beseitigt, die diese Malerei in eine düstere Einfarbigkeit verwandelt hatten. Jetzt ist die einmalige ursprüngliche Dimension wieder ans Licht gebracht worden, und die formalen Werte, die Farben und die Lichtführung sind von einem bis dahin noch nie erreichten Gleichgewicht, wic wir auch aus den beiden Details, dem Zinsgroschen *von Masaccio, und der* Auferstehung des Tabita *von Masolino sehen können.*

Links: die Fassade der Kirche Carmine; unten links: das Schiff der Kirche und rechts: die mit Fresken versehene Kuppel.

Gegenüber: einige Bilder von den Fresken der Brancacci-Kapelle, denen vor kurzem durch sorgfältige Restaurierung zu ihrem ursprünglichen Glanz verholfen wurde.

WEITERE SEHENSWERTE KIRCHEN
Hier sieht man, von oben: die ***Kirche San Salvatore al Vescovo****, die mit ihrer romanischen Front, mit Blendarkaden nach dem Jahr 1.000 errichtet wurde; die* ***Chiesa di Badia*** *von 978, mit einem Portal von Benedetto da Rovezzano (1495) und einer Lünette aus dem 16. Jh. und schließlich die* ***Chiesa di San Carlo dei Lombardi****, die zwischen dem 14. und 15. Jh. von Benci di Cione, Nero di Fioravante und Simone Talenti geschaffen wurde. Unten folgt: die* ***Chiesa di San Salvi****, sie entstand 1048 als Abteikirche und wurde mehrfach verändert; die* ***Chiesa dei SS. Apostoli*** *aus dem 11. Jh. mit Umbauten aus dem 16. Jh., einer romanischen Fassade und einem eindrucksvollen Innenraum und schließlich die* ***Chiesa di San Gaetano****; ihre Stirnseite entstand aufgrund der Umbauten von Gherardo Silvani im 17. Jh.*

Oben: die Fassade der Kirche S. Trinita; rechts: die Anbetung der Hirten von Ghirlandaio.

SANTA TRINITA

Diese Kirche stammt aus dem 11. Jahrhundert, wurde im 13. und 14. Jahrhundert rekonstruiert und vergrößert und besitzt eine geradlinige Fassade, die mit einem Maskeron *aus Stein von Buontalenti (1593) geschmückt ist. Seiner Lage wegen (es liegt zwischen der Via Tornabuoni und der Brücke S. Trinita) gehört dieses Bauwerk zu den bekanntesten Kirchen von Florenz. Die Überlieferung schreibt Andrea Pisano ihren Entwurf zu, sie entstand aus dem Umbau eines schon vorher bestehenden Vallombrosaner-Klosters. Der einfache, schlichte Innnenraum enthält bedeutende Kunstwerke wie* die Madonna und Heilige *von Neri di Bicci (1491),* die Verkündigung *von Lorenzo Monaco (1425) und die* Anbetung der Hirten *von Ghirlandaio (1485). Ebenfalls von Ghirlandaio stammen die Fresken der* ***Capella Sassetti*** *(1483-1486); die Grabmäler der Familie Sassetti sind von Giuliano da Sangallo.*

VOM 17. BIS ZUM 20. JAHRHUNDERT

Im jahre 1574 dankte Cosimo I. zugunsten seines Sohns Francesco ab, der bis 1587 regierte; diesem folgte sein Bruder Ferdinando I. (1587-1609). Dem letzteren, der die Politik seines Vater fortsetzte, gelang es, das Großherzogtum zu stärken, obwohl er sich gezwungen sah, mühsam nach einem Gleichgewicht zwischen Frankreich und Spanien zu suchen. Unter der Herrschaft der beiden Söhne Cosimos I. machen sich die Zeichen der Dekadenz stärker bemerkbar, die im Laufe des XVII. Jahrhunderts noch deutlicher werden. Florenz ist immer noch eine große Stadt, verfügt jedoch über wenige Ländereien und ist nicht in der Lage. mit den großen und mächtigen Zentralstaaten Schritt zu halten. Auch in wirtschaftlicher Hinsicht ist die Lage nicht rosig: der Handel und das Handwerk erfahren merkliche Einschränkungen, und bis zum Ende des Cinquecento überlebt nur das Bankgewerbe auf kontinentaler Ebene, bis der Verfall auch diesen Geschäftszweig heimsucht. Diese Dekadenz ist trotz der großherzoglichen Bestrebungen unaufhaltbar, durch den Ausbau des Hafens von Livorno und die Gründung des Ritterordens Santo Stefano zum Schutz der florentinischen Seemacht vor den «Barbareschi» (Berbern) den Handel weiterhin zu unterstützen. Ein immer größeres Interesse hingegen kommt der landwirtschaftlichen Entwicklung der Toskana zu, die in der zweiten Hälfte des Cinquecento zu großen Urbarmachungen und zur Austrocknung von Sümpfen in vielen Gebieten der Region führt.

In den letzten Jahrzehnten des XVI. und zu Beginn des XVII. Jahrhunderts deutet das kulturelle und künstlerische Geschehen trotz beachtenswerter Höhepunkte bereits auf das Ende der Blütezeit in der Geschichte von Florenz hin. In der Architektur, die zunehmend ins Kapriziöse und Naturalistische abgleitet, werden manieristische Tendenzen spürbar, wie sie etwa schon bei Buontalenti auftauchen, sich dann aber ganz deutlich manifestieren bei Federico Zuccari (z.B. das *Atelier-Haus* in der Via Giusti), in den *Nymphäen* und *Grotten*, mit denen Künstler wie Ammannati, Giambologna und Tribolo die Gärten der Stadt - und Vorstadtvillen schmücken, bis hin zu den *Wappen* und *Ornamenten* an den Gebäudefassaden, die immer häufiger mit Fresken und Graffiti dekoriert werden.

Nachfolger Ferdinands I. ist der «schwache und kränkliche» Cosimo II. (1609-1621), mit dessen Tod die Regierungsgeschäfte in die Hände seiner Gemahlin Maria Magdalena von Österreich und seiner Mutter Christina von Lothringen übergingen. Nach dem Ende dieser Regentschaft im Jahre 1628 besteigt Ferdinando II. den Thron, der bis 1670 regiert. Ihn hält man für «einen der fähigsten Herrscher der Medici-Dynastie», doch auch er kann den unerbittlichen Abstieg der Stadt Florenz und des Großherzogtums Toskana nicht aufhalten, noch weniger seine Nachfolger, Cosimo III. (1670-1723) und der letzte Mediceer, Gian Gastone, der 1737 kinderlos stirbt. Dennoch beweist die Stadt - wenn auch nurmehr in provinzieller Rolle - auf kultureller Ebene noch einige Vitalität, die auf musikalischem Gebiet (gegen Ende des Cinquecento entstand in Florenz das *Melodrama* mit dem berühmten Stück «Camerata di Casa Bardi») und vor allem mit der Gründung bedeutender *Akademien* zum Ausdruck kommt. So entstehen in den letzten Jahrzehnten des XVI. Jahrhunderts und im Verlauf des XVII. Jahrhunderts zahlreiche Literatur-Akademien: 1582 wurde die **Crusca** ins Leben gerufen, die sich hauptsächlich mit der Erstellung eines offiziellen italienischen Wörterbuches befaßte, dessen Erstausgabe 1612 erschien. Von großer Bedeutung für die Wissenschaft war außerdem die Tätigkeit der **Accademia del Cimento**, die von Leopoldo de' Medici 1657 gegründet wurde. Unterstützung fand der Fürst bei seinem regierenden Bruder Ferdinando II., denn beide waren Schüler Galileis, des einzigen Genies, das aus dem Großherzogtum im XVII. Jahrhundert hervorging. Insbesondere unter den letzten Großherzögen nahm die Toskana, die bis Anfang des XVII. Jahrhunderts noch als eine der blühendsten Wirtschaftsregionen Westeuropas galt, die für unterentwickelte Länder typischen Züge an: die Landwirtschaft wurde zum Haupterwerbszweig, während Handel und Manufakturen eine völlig marginale Rolle spielten. Bezeichnend ist das Beispiel der Wollstoffproduktion, die in Florenz in den Jahren 1560-1580 rund 30.000 Ballen betrug und bis Mitte XVII. Jahrhunderts auf knapp 5.000 Einheiten gesunken war. Schuld an diesem wirtschaftlichen Rückgang war eine gewisse «Sklerose» der Zünfte und damit eine schwindende Wettbewerbsfähigkeit der toskanischen Industrieprodukte. Der daraus resultierende starke Exportrückgang führte zu einer Reihe von Desinvestitionen auf Produktions -und Absatzebene, die sich entsprechend negativ auf die Inlandnachfrage auswirkten. All dies hatte zur Folge, daß sich die verfügbaren Mittel von der Manufaktur und vom Tertiärbereich verstärkt auf den landwirtschaftlichen Sektor verlagerten, woraus sich das Phänomen der «Verländlichung» des Großherzogtums erklärt.

Der wirtschaftliche Abstieg wirkte sich auch auf die städtebauliche und architektonische Tätigkeit aus, deren Realisierungen zahlenmäßig begrenzt waren und qualitativ über das Mittelmaß häufig nicht hinausgingen. In den meisten Fällen handelte es sich ohnehin um Umbauten oder «Modernisierungen», vor allem im Kirchenbau. Dabei hielt man in der Regel an einem an Michelangelo inspirierten Manierismus fest, wohl aus einer Art «konstitutionellen Zurückhaltung vor barockem Überschwang» heraus. Nur Matteo Nigetti scheint dem Geschmack des römischen Seicento geneigt zu sein, wenn man an den Kirchenbau von **San Gaetano** denkt, wo er mit Gherardo Silvano zusammenarbeitete, oder an die Fassade der Kirche **Ognissanti** und vor allem an die monumentale **Fürstenkapelle**, deren Innenraum an «kaiserliche Pracht» erinnert. Prunkvoll ausgestattet sind auch die **Corsini-Kapelle** in der **Carmine-Kirche** und das Innere der Kirche **Santissima Annunziata**, beides Werke von Pier Francesco Silvani und Ciro Ferri, die auch an der überladen wirkenden **Chorkapelle** der Kirche **Santa**

Der Antellesi-Palast auf der Piazza S. Croce.

Die Villa des Poggio Imperiale.

Maria Maddalena dei Pazzi mitwirkten. Aber im großen und ganzen distanzierten sich die Florentiner Architekten des Seicento grundsätzlich von den römischen Neuerungen (mit Ausnahme von Giovanni Battista Foggini, der die **Cappella Ferroni** in der *Santissima Annunziata* schuf) und arbeiteten weiter im Kielwasser der besten Tradition des sechzehnten Jahrhunderts. Die florentinische Bautätigkeit des XVII. Jahrhunderts nimmt somit im Rahmen der Architektur des Seicento eine Sonderstellung ein: Auf dem Höhepunkt des Barock nach römischem Vorbild schlägt man in Florenz -vielleicht unbewußt - eine andere, zukunftsweisende Richtung ein. Wir meinen, daß der Begriff «Protoklassizismus» die gemeinsame Inspiration, die den überwiegenden Teil der Werke dieser Periode kennzeichnet, am besten definiert. Als Beispiele seien hier angeführt: die Kirchen **Santa Margherita dei Ricci** (von Gherardo Silvani, 1640) und **Santa Teresa** (Sigismondo Coccapani, 1628, die Krypta von **Santo Stefano al Ponte** (Ferdinando Tacca, 1640-1650); das Kircheninnere von **San Simone** (Gherardo Silvani, 1630), die Kirche **San Frediano in Cestello** (ein Werk Ceruttis; die Kuppel stellte Antonio Ferri 1680-1698 fertig), und schließlich die Kirche **San Firenze**, das bezeichnendste Beispiel der sogenannten «barocken» Architektur in Florenz, die von Gherardo Silvani und Pietro da Cortona Anfang des XVII.

Links: die Loggia del Grano und rechts: ein Detail vom Brunnen an der Ecke.

Jahrhunderts begonnen und später von anderen Baumeistern vollendet wurde.

Noch deutlicher kommt die Verwurzelung mit der Tradition der Spätrenaissance im Profanbau zum Ausdruck, wenn wir an die vornehmen Wohnpaläste und einige öffentliche Gebäude denken. Zu den letztgenannten gehören die Säulenhalle am Krankenhaus **Santa Maria Nuova**, der von Buontalenti entworfen, aber von Giulio Parigi 1611-1618 ausgeführt und fortgesetzt wurde, die **Loggia-mercato del Grano** (ebenfalls von Parigi 1619 durchgeführt) und, gegen Ende des Jahrhunderts (1695), der **Granaio**, den Cosimo III. neben der *Cestello-Kirche* errichten ließ und damit den großherzoglichen Hofarchitekten Giovan Battista Foggini beauftragte. Was den privaten Wohnungsbau betrifft, so lassen sich nur Antonio Ferri und Pier Francesco Silvani beim Bau des **Palazzo Corsini** (1648-1656) vom römischen Stil beeinflussen, ebenso, doch bereits Anfang des XVIII. Jahrhunderts, die Architekten Ferdinando Ruggeri und Cecchini mit dem **Palazzo Capponi**, der nach Entwürfen des Römers Carlo Fontana zur Ausführung kam. Aber im übrigen bleiben die Wohnpaläste der bestehenden Bautradition treu, wie die zahlreichen, Gherardo Silvani zugeschriebenen Gebäude zeigen (**Palazzo Guadagni-Riccardi, jetzt Strozzi in via dell'Oriuolo, Palazzo San Clemente** in via Gino Capponi, **Palazzo Bartolommei** in via Cavour, **Palazzo Marucelli**, später Fenzi, in via San Gallo, so auch **Palazzo Antellesi**, Piazza Santa Croce, und die **Villa del Poggio Imperiale**, beide von Giulio Parigi; **Palazzo Zacchini-Ricasoli**, Via Maggio, usw.).

DAS 18. JAHRHUNDERT

Nach dem Tod Gian Gastones entscheiden die Großmächte in Wien über das Geschick der Toskana, die an Herzog Franz von Lothringen fiel; dieser war gezwungen, sein neu erworbenes Herzogtum an den abgesetzten König von Polen, Stanislaus Lesczynski, abzutreten. Als Gemahl der Thronfolgerin des Kaisers, Maria Theresia, stattete Franz immerhin Florenz im Jahre 1739 einen feierlichen Besuch ab, an den noch der von dem Franzosen Jadot Jean Nicoles errichtete **Triumphbogen** vor der Porta San Gallo erinnert. Der neue Großherzog, der sehr bald nach Wien zurückkehrte, zog es vor, die Regierungsgeschäfte einem vorwiegend aus Lothringern und Lombarden bestehenden Rat zu übertragen. Die Übernahme des

Großherzogtums durch die lothringische Dynastie brachte den ersehnten Aufschwung für Florenz und die Toskana. Schon die ersten Maßnahmen lassen eine neue Reformpolitik erkennen, die sich an den Prinzipien des aufgeklärten Absolutismus orientiert und unter der Regierung Peter Leopolds voll zur Entfaltung kommt. Dieser trat (als drittgeborener Sohn) 1765 die Nachfolge seines Vaters Franz an und residierte in Florenz, wo er sich mit illustren Persönlichkeiten wie Pompeo Neri, Angelo Tavanti und Francesco Gianni umgab. Ihm gelang es, das wirtschaftliche und soziale Leben des Großherzogtums zu festigen. Seine Reformen galten in erster Linie der Landwirtschaft als dem Haupterwerbszweig der Toskana, doch befaßten sie sich auch mit der Industrie, dem Verkehrswesen, dem Handel und dem Sektor, den wir heute «Kulturpolitik» nennen. Letztere betraf hauptsächlich Florenz, das, noch überstrahlt vom Glanz der Vergangenheit, sein intellektuelles Erbe zu erhalten vermochte. So wurde die Stadt zum aktiven Kulturzentrum des Großherzogtums, mit Sitz der neugegründeten Accademia dei Georgofili, die sich für eine rationalere Agrarpolitik einsetzte, des Instituts für die Erhaltung urkundlichen Materials (das spätere Staatsarchiv), neuer Bibliotheken und wissenschaftlicher Institute sowie zahlreicher Theater. Von Bedeutung erwies sich auch die von Peter Leopold durchgeführte Stadtplanung, vor allem im Hinblick auf die Reorganisation der öffentlichen Verkehrseinrichtungen. Besondere Sorgfalt verwandte man auf die Bereiche Gesundheitswesen und Erziehung: es wurden neue Krankenhäuser geschaffen beziehungsweise die vorhandenen ausgebaut; man richtete öffentliche Schulen ein, ferner Konservatorien, Lehrstühle für Agrarwissenschaft, Jura und Medizin. Ein städtebauliches Projekt von nicht unbeträchtlichem Ausmaß stellte auch die Vergrößerung der öffentlichen Grünräume dar. So entstanden in jener Zeit der «*Parterre*» di San Gallo, die Allee am Poggio Imperiale, die *Wiese* vor der Kirche *San Salvatore al Monte* und viele andere Grünanlagen; auch der großherzogliche *Cascine-Park* wurde damals bereits bei bestimmten Anlässen für das Publikum freigegeben. Unter Leopold erhielt auch die Piazza San Marco ihr heutiges Gesicht: Gioacchino Pronti (1780) schuf die neue Kirchenfassade, das Krankenhaus *San Matteo* wurde umstrukturiert, und Bernardo Fallani (1775-1778) baute die **«Palazzina» di Livia Malfatti**, eines der bezeichnendsten Werke der Mitte XVIII. Jahrhundert in Florenz noch stark dominerenden spätmanieristischen Architektur, wie die Arbeiten anderer florentinischer Architekten jener Jahre beweisen: Ferdinando Ruggieri, Zanobi Del Rosso, Giuseppe Salvetti, Gasparre Maria Paoletti, Giulio Manaioni und Giuseppe Ruggeri. Die beiden letzteren übernahmen den Wiederaufbau des Innenraumes der **Carmine-Kirche**, die bei einer Feuersbrunst 1771 halb zerstört wurde; gleichzeitig vollendete Zanobi Del Rosso zwschen 1772 und 1775 den Komplex **San Firenze** mit dem Bau des rechten Flügels und des Zentralkörpers, und Giuseppe Ruggeri renovierte 1736 die Kirche **Santa Felicita**. Doch werden im Kreis der am großherzoglichen Hof verkehrenden Architekten klassizistische Tendenzen immer deutlicher, und in den letzten Jahrzehnten des Jahrhunderts erlebt die florentinische Architektur eine Entwicklung, die der neuen figürlichen Formensprache zustrebt. Um die Schule des von Peter Leopold zum «Meister der Architektur «an die Akademie der Schönen Künste» berufenen Gaspare Maria Paoletti schart sich jene Gruppe von Architekten und Ingenieuren (Giuseppe Del Rosso, Luigi Cambray-Digny, Giuseppe Cacialli, Pasquale Poccianti), denen der überwiegende Teil der klassizistischen Bauten in Florenz und Toskana zuzuschreiben ist. Paoletti, der zusammen mit G. Manetti den *Parco delle Cascine* anlegte (von ihnen stammen die **Pavoniere** - Gebäude, der **Narziß-Brunnen**, die **Pyramide** usw.), entwarf und begann den

Der große runde See im Park der Cascine.

Die Palazzina von Livia Malfatti.

Bau der **Sonnenuhr am Palazzo Pitti**, die Poccianti Anfang des XIX. Jahrhunderts fertigstellte: Auch Giuseppe Ruggeri verlieh der Loggia der Leibgarde am Palazzo Pitti (1764-65) klassizistische Züge; die Loggia ist eine der beiden seitlichen Vorbauten (sog. Rondò), mit denen Ignazio Pellegrini das Gebäude abrundete, nachdem der Palast bereits im XVII. Jahrhundert durch Alfonso Parigi erweitert worden war und nun neuerliche Umbauten erfuhr.

DAS 19. JAHRHUNDERT

Als Peter Leopold 1790 die Kaiserkrone aufsetzte (als Leopold II.), überließ er die Regierung des Großherzogtums seinem zweiten Sohn Ferdinand, dessen Regentschaft durch die französische Besetzung 15 Jahre lang (von 1799 bis 1814) unterbrochen wurde. Napoleon gründete zunächst das Königreich Etrurien, das er den Bourbonen von Parma überließ (Vertrag von Lunéville) und vereinigte später die in Départements dreigeteilte Toskana mit Frankreich. Florenz, von 1801 bis 1807 Hauptstadt von Etrurien, wurde damit Haupststadt des Départiments des Arno. Zwar hatte die aufgeklärte Regierung der Lothringer - wie Y. Renouard behauptete - «den Ideen und Männern der französischen Revolution wenig hinterlassen, was sich zu ändern gelohnt hätte, als sie in die Toskana eindrangen», doch muß der Wahrheit halber gesagt werden, daß in den fünfzehn Jahren französischer Besetzung in Florenz, wie im gesamten ehemaligen Großherzogtum, eine Reihe einschneidender Verbesserungen auf Verwaltungsebene durchgeführt wurden, die sich in der öffentlichen Bautätigkeit, in Verwaltungsreformen und Eingriffen in den territorialen und städtebaulichen Kontext niederschlugen. Was letztere betrifft, so sind, zumindest für Florenz, die Veränderungen infolge der in Staatsbesitz übergegangenen Güter der religiösen Orden zu erwähnen. Mit der Auflösung zahlreicher Kirchen und Klöster im Jahre 1808 fielen dem Staat weite Stadtgebiete und viele Gebäude zu, die neuen Zwecken, meist für das Gemeinwohl, zugeführt wurden. Eine wichtige Rolle in der Bautätigkeit jener Jahre spielte die Arbeit von Giuseppe Del Rosso, von dem im übrigen auch großartige (nicht realisierte) Projekte im Rahmen einer städtebaulichen Neuordnung exisiteren. Von Del Rosso stammen auch das sogenannte «*Deposito di Mendicità*» (Armenhaus, später **Pia Casa del Lavoro**), das 1808 nach Auflösung der Klöster Monticelli und Montedomini auf Veranlassung der französischen Regierung gebaut wurde, sowie das **Regio-Gymnasium** im Borgo Pinti (1812-1813).

Die lothringische Restauration im Jahre 1814 konnte die durch das französische Regime eingebrachten Verbesserungen nicht auslöschen, obgleich Ferdinand III. jegliche städtische Freiheit unterband. Immerhin waren die neuen Ideen und Fermente, die mit den Franzosen in die Toskana gekommen und von der Öffentlichkeit assimiliert worden waren - vor allem in der gebildeten Schicht -der Grund für eine progressive Entfremdung gegenüber der stark an Österreich und die Reaktion gebundenen lothringischen Dynastie. Und dies trotz der guten Reformen, die weitergeführt wurden (etwa die Erstellung des toskanischen Katasterplans), und der hervorragenden Verwaltungspolitik der großherzoglichen Regierungen, insbesondere Leopolds II. (1824-1859), der sich durch die Förderung der Industrieentwicklung für die Modernisierung der Toskana einsetzte. Unter dem letzten Großherzog kamen auch verschiedene, das Stadtbild verändernde Projekte zur Ausführung, wie der Ausbau einiger Verkehrsachsen und die «Regulierung» bestimmter urbaner Strukturen. So verlängerte man die Via Larga und schuf die parallel zur Via San Gallo verlaufende, heutige Via Cavour (damals hieß sie Via San Leopoldo); ferner eröffnete man die Via Salvestrina und Via Apollonia (später Via XXVII Aprile) und befaßte sich mit der Neugestaltung der Staßen um die Piazza Maria Antonia (die jetzige Piazza Indipendenza); bei der Verbreiterung der Via Calzaioli wurden bedeutsame mittelalterliche Bauten zerstört; nach Entwürfen der Brüder Séguin - französische Ingenieure und Inhaber des gleichnamigen Bauunternehmens - wurden zwei Eisenbrücken über den Arno gebaut: San Ferdinando und, flußabwärts, San Leopoldo, wo später die Brücken San Niccolò und della Vittoria entstanden; hinter der Tribuna der Kirche Santa Maria Novella baute man den Bahnhof «*Maria Antonia*», die zweite Bahnstation von Florenz, nachdem man schon vorher im Zuge der Einrichtung des ersten Bahnabschnitts Florenz-Pisa einen Bahnhof geschaffen hatte, allerdings auf einem Gelände vor der Porta al Prato.

Zu den architektonisch bezeichnendsten Episoden gehören einige klassizistische Bauten von Gaetano Baccani (**Palazzo dei Principi Borghese** in der Via Ghibellina, **Palazzo dei Canonici** am Domplatz, **Palazzo Durazzo-Stacchini** in der Via dei Servi), ferner die Loggetta am **Palazzo De Prat** in der Via Torta, von Giuseppe Martelli, **Terrazzino Reale sul Prato** von Luigi Cambray-Digny (von der - heute zugemauerten - Loggia wohnten die Herrscher den Pferderennen bei), die Umbauten von Poccianti im Palazzo Pitti und in der Biblioteca Laurenziana, der **Friedhof der «Miseri-**

cordia» und das weitläufige Gebäude auf dem Gelände des 1838 abgetragenen ehemaligen *Gefängniskomplexes Le Stinche* (zunächst Sitz des Teatro Pagliano und später des derzeitigen **Teatro Verdi**).
Aber in den gleichen Jahren, als diese Bauwerke von maßvoll klassizistischer Strenge entstehen, tauchen in Florenz die ersten Beispiele neugotischer Architektur auf: der Glockenturm von **Santa Croce** und das **Türmchen** im Park des **Palazzo Serristori** in der Via dei Serragli, beides Werke von Baccani, sowie die kuriose **Palazzina sul Prato**, die sich der Bildhauer Ignazio Villa baute.
Infolge des bescheidenen, doch nicht unerheblichen Industrialisierungsprozesses sowie des allgemeinen Wirtschaftswachstums erlebt die Stadt zum ersten Mal nach fünf Jahrhunderten eine Bevölkerungszunahme größeren Ausmaßes; in fünfzehn Jahren (von 1844 bis 1859) steigt die Einwohnerzahl von 81.000 auf 113.000. Dieser starke demographische Zuwachs wirkt sich auf die Entwicklung des Stadtkontextes aus, der jedoch noch nicht über den Mauergürtel des XIV.
Jahrhunderts hinausgeht, insofern als die Neubauten zunächst internes Parkgelände und vor allem die weitläufigen Gartenareale an der Stadtmauer einnehmen. Neben einer «spontanen» Bautätigkeit vollzieht sich das Wachstum im Rahmen eines regelrechten Stadtentwicklungsprogramms, das die Planung (und Verwirklichung) der ersten Wohnviertel vorsieht. So entsteht auf dem Gelände der ehemaligen «Poderi di Barbano» um die neuangelegte Piazza «Maria Antonia» (der erste florentinische Platz im Stil des XIX. Jahrhunderts) zwischen 1844 und 1855 das Wohnviertel Barbano, in dem sich in erster Linie der bürgerliche Mittelstand (Handwerker, Angestellte) niederläßt. Desgleichen entwickelt sich in dem Gebiet am *Parco delle Cascine*, der sich ursprünglich bis zum Flußwehr Santa Rosa erstreckte, in den Jahren von 1850 bis 1855 das gleichnamige Wohnviertel für die gehobeneren Gesellschaftsschichten. Im Zusammenhang mit der Erschließung dieses Wohngebiets wird die Arno-Uferstraße **Lungarno Nuovo** (heute Lungarno Amerigo Vespucci) angelegt, wo sich später die klassizistischen Gebäude prominenter Bürger der Stadt aneinanderreihen. Die Entstehung der ersten Wohnviertel führte zu einer «funktionellen und sozialen Trennung», bei der sich die Stadt in Gebiete mit jeweils unterschiedlichen Funktionen teilte. Bereits Mitte des XIX. Jahrhunderts zeichneten sich im Stadtgefüge Zonen ab mit einer überwiegenden Anzahl von Gebäuden, deren Funktionen im Bereich des Allgemeinwohls lagen. So beherbergte das Gebiet zwischen Via San Gallo, Borgo Pinti und der Linie des vorletzten Mauerrings den größten Teil der Krankenhaus - und Wohltätigkeitseinrichtungen, Schulen, Regierungsämter usw. In dem Viertel um Santa Croce lagen Kasernen, Gefängnisse und das «Deposito di Mendicità» (Armenhaus) der Pia Casa del Lavoro. Auf der anderen Arnoseite konzentrierten sich aufgrund des nahegelegenen *Palazzo Pitti* alle Dienststellen und die mit dem großherzoglichen Hof verbundenen Institutionen, und so fort.
In den Jahren der lothringischen Restauration entwickelt sich Florenz zu einem der aktivsten und bedeutendsten Kunstzentren in Italien. Besonders anregend ist die Präsenz der Ausländer und Reisenden, die immer zahlreicher in die Stadt kommen und hier häufig ihren Wohnsitz aufschlagen. Die Tätigkeit des von GiampietroVieusseux 1819 gegründeten "Gabinetto" (Literatur - und Diskussionsforum), die Zeitschrift "*L'Antologia*" und das Archiv für italienische Geschichte" sind wichtige Ausdrucksformen der neuen liberalen und nationalen Ideen, die in den intellektuellen Kreisen um sich greifen, und des überzeugten Strebens nach Unabhängigkeit im Rahmen eines vereinigten Italien.
Nach den Unruhen des Jahres 1848, der Flucht Leopolds II. und seiner Rückkehr im Jahr darauf unter dem Schutz der österreichischen Truppen vertiefte sich der Spalt zwischen der Bevölkerung und dem Großherzog. Als Napoleon III. und der König von Sardinien Österreich den Krieg erklärten, sah sich Leopold II. auf beinahe einstimmigen Wunsch der Bevölkerung am 22. April 1859 gezwungen, das Großherzogtum zu verlassen, diesmal endgültig. In Florenz wird zunächst eine provisorische Regierung gebildet, die unter Anführung von Bettino Ricasoli durch Volksabstimmung die Angliederung an das Königreich Sardinien und später an das neue Königreich Italien beschließt. Der bewußte Verzicht auf die eigene Autonomie zugunsten der Verwirklichung eines großen, gemeinsamen Vaterlandes hebt das moralische Bewußtsein in der Stadt, die im Jahre 1865 - sicher aus politischen und geographischen Gründen, aber auch aufgrund ihrer großen kulturhistorischen Tradition - zur Hauptstadt Italiens proklamiert wird. Die Verlegung des Hofes, der Ministerien und Ämter des Königreiches, aber vor allem das 20.000 - köpfige Personal stellten die kleine Regionalhauptstadt, die Florenz im Grunde geblieben war, vor nicht unbeträchtliche Schwierigkeiten. Im Unterschied zu dem moderneren Turin, wo man im siebzehnten und achtzehnten Jahrhundert durch den systematischen Ausbau des Straßennetzes ein klar geordnetes Stadtbild geschaffen hatte, war die städtebauliche Entwicklung von Florenz praktisch im sechzehnten Jahrhundert stehengeblieben. Während die Unterbringung des Hofes, der Ministerien, des Parlaments usw. in den großen Palästen der Stadt und in den Klosteranlagen, die ihr nach der Enteignung der Kirchengüter zugefallen waren, noch relativ einfach war, fand man keine sofortige Lösung für die 20.000 Vertreter der neuen Regierung. Das Wohnungsproblem und der Kampf um die Mietpreisbeschränkung zeigten sich bald in ihrer ganzen Härte, wobei die unteren Schichten, vor allem die bedürftigen, kinderreichen Familien, besonders betroffen waren. Ein rasch erstelltes Bauprogramm in neugeschaffenen Wohngebieten, die zwischen 1860-70 entstanden, (Stadtviertel Maglio und Mattonaia) deckte nur einen Teil des Bedarfs. Darüber hinaus waren die Neubauten wiederum der mittleren Gesellschaftsschicht vorbehalten, so daß die Arbeiterklasse sich oft mit den von der Stadt in den Vierteln Porta alla Croce, Pignone und jenseits der Porta San Frediano bereitgestellten Blech - und Holzbaracken begnügen mußte. Nach einem weiteren Bevölkerungszuwachs (150.000 Einwohner im Jahr 1865) sprengte das Stadtareal die Mauern aus dem XIV. Jahrhundert. Vor einer chaotischen Expansion bewahrte Giuseppe Poggi die Stadt, ein namhafter Architekt und Städteplaner, den man mit dem Erweiterungsentwurf beauftragt hatte. Nicht alle Projekte Poggis konnten realisiert werden (wie auch der Erstentwurf des Gesamtkonzeptes eine spätere Umarbeitung erfuhr), doch reichten die im übrigen rasch verwirklichten, einschneidenden Veränderungen aus, um der städtebaulichen Entwicklung von Florenz - auch im Hinblick auf die kommenden Jahre und fast bis zum

Die Gruppe von Kopien, die von dem David überragt wird und sich in der Mitte des Piazzale Michelangelo befindet.

Ersten Weltkrieg - die richtigen Impulse zu geben. Die Konzeption, die dem Plan zugrundelag, lief auf eine als "schachbrettartig angelegte Struktur mit reinem Wohncharakter" verstandene Stadt-erweiterung hinaus, was zur Folge hatte, daß man fortan von einem eigentlichen Stadtzentrum und mehreren Peripherien sprechen konnte. Die für die neuen Stadträume erforderlichen weiten Gebiete schuf man durch die Schleifung der Stadtmauer diesseits des Arno. Dem Mauerverlauf folgend legte man breite Alleen an, die an der Stelle der einstigen Stadttore von symmetrisch gestalteten Plätzen unterbrochen wurden; die Tore sind fast alle erhalten (außer der Porta a Pinti). Die **Allen**, die an die Pariser Avenues von Haussmann und an die Wiener "*Ringe*" anklingen, waren von Poggi nicht als fortlaufende Straßen geplant worden, sondern sollten jenseits der Porta Romana bis zum *Cascine-Park* führen und so die Stadt ringartig umschließen. Der **Piazzale Michelangelo** und die zum Platz führende Promenade Viale dei Colli gelten als Höhepumkte der städteplanerischen Tätigkeit von Giuseppe Poggi, und ein derartiges "Belvedere" über der Stadt entsprach voll dem kulturellen Geschmack jener Zeit. Doch profitierten die auf dem Hügel gelegenen Kirchen *San Salvatore* und *San Miniato* weder von der Platzanlage, noch von dem eher fremd wirkenden Neo-Renaissancebau des *Loggia-Cafés* und der unmotivierten, aufwendigen Freitreppe, die zur romanischen Basilika hinaufführt. Mit der Einnahme von Rom und der Verlegung der Hauptstadt an das Tiberufer (1. Juli 1871) kommt die Expansion jäh zum Stillstand, die Bevölkerung schrumpft innerhalb von drei Jahren um 28.000 Enwohner, und der gesamte Produktionsmechanismus der Stadt leidet unter der Rezession, die auf den wirtschaftlichen "Boom" folgte. Dennoch beschließt die Gemeindeverwaltung unter dem Vorsitz von Bürgermeister Ubaldino Peruzzi, die begonnenen Arbeiten fortzusetzen und weitere Projekte aus dem Poggi-Plan zu verwirklichen. So werden die Arnouferstraßen angelegt, was den Abbruch der an vielen Stellen über dem Flußufer ausladenden, charakteristischen Häuser sowie der alten *Mühlen der Münzprägestelle* mit sich bringt und somit ein neues Verhältnis zwischen der Stadt und ihrem Fluß zur Folge hat. Weitere Straßenzüge wurden ausgebaut oder neu angelegt, und unter dem Vorwand, den Stadtverkehr im Zentrum flüssiger zu gestalten und die hygienischen Verhältnisse zu verbessern, nahm man die Sanierung der Altstadt in Angriff. So begann man 1885 mit der Zerstörung dessen, von dem später nur die Erinnerung blieb und das

Eine Parorama-Ansicht der Ebene von Florenz vom Belvedere des Piazzale Michelangelo.

Gefühl, den größten Stadtplanungsfehler des Jahrhunderts begangen zu haben: von dem bestehenden Gebäudegeflecht ließ man nur wenige Fragmente stehen, wobei man bei der «Rettungsaktion» vom Prinzip des «Monuments» ausging, das auf diese Weise von dem umliegenden Stadtkontext herausgerissen wurde. Ganz wenige Gebäude blieben verschont. Der Spitzhacke zum Opfer fielen damals die Kirchen *Sant'Andrea* und *San Pier Buonconsiglio, San Tommaso* und *Santa Maria in Campidoglio*; ferner die *Sitze der Hotelierzunft* und der *Antiquitäteninnung;* die Turmhäuser der Familien *Amieri* und *Caponsacchi*. Von anderen Gebäuden überleben nur ein paar architektonische oder dekorative Elemente, die in Museen Aufnahme finden; hier und da trägt man eine Kostbarkeit ab und setzt sie anderswo wieder zusammen, wie den *Tabernakel Santa Maria della Tromba*, den man an der Ecke des Palazzo dell'*Arte della Lana* aufstellt. Nachdem das Viertel ausgehöhlt war, ging man an die Begradigung der Straßen, die sich im großen und ganzen mit der römischen Anlage deckten, deren rechtwinkliger Anschluß jedoch im Mittelalter leicht verschoben worden war. Jetzt entstanden hier eine Reihe anonymer Bauten, deren einziger Vorzug darin bestand, daß sie den bürgerlich vornehmen Wohnansprüchen entsprachen. Schließlich verbreiterte man noch die Piazza del Mercato Vecchio mit den zum Platz gerichteten Portici: Die am Giebel über dem plump wirkenden Mittelbogen prangende Inschrift «Altes Stadtzentrum - von jahrhundertelangem Elend zu neuem Leben erwacht» klingt geradezu ironisch!

Die Zerstörung des Mercato Vecchio, die bereits geplant war, als Florenz Hauptstadt Italiens war, machte den Bau neuer, funktionellerer Märkte erforderlich, die alle in den siebziger Jahren realisiert wurden. Der 1874 eingeweihte **Mercato Centrale di San Lorenzo**, (eine Stahlkonstruktion nach einem Entwurf von Giuseppe Mengoni (der auch die Galleria

in Mailand baute) hatte die Elimination eines weiteren mittelalterlichen Komplexes zur Folge. Dagegen konnte die 1873 verwirklichte, kleinere **Markthalle Sant'Ambrogio**, ebenfalls eine Eisenkonstruktion, in den weitläufigen Garten hinter der Kirche *Santa Croce* hineingebaut werden.

Die Abbrüche infolge der Sanierungsprogramme und Neuordnung des alten Stadtkerns sowie der angrenzenden Gebiete, waren ebenso wie alle anderen architektonischen Eingriffe, Kinder der Bauspekulation. Die sozialen Kosten waren immens hoch und leiteten einen Wandlungsprozeß im Zentrum ein, das allmählich zu einer kleinen "*City*" wurde, wo sich zunehmend Geschäfte und Büros niederließen (Kreditinstitute, Versicherungsgesellschaften, Arzt- und Anwaltspraxen usw.). Die gesellschaftlich benachteiligten Schichten, die den Hauptanteil der ehemaligen Altstadtbewohner stellten, wurden in die Arbeiterviertel Santa Croce und San Frediano vertrieben, wo die Bevölkerungsdichte ohnehin schon groß war. Das Ergebnis war eine allgemeine Dekadenz der städtischen Strukturen durch wahlloses Aufstocken der Gebäude und die Ausradierung der verbliebenen Grünzonen (Gärten und Parks) und Höfe. Aber auch der wohlhabende Bevölkerungsanteil verläßt das Zentrum und zieht in die neuen «Nobelviertel» der Stadtrandgebiete im Umfeld der Alleen, wo sich zahlreiche neue Wohnbezirke für den gehobenen Bürgerstand gebildet hatten.

DAS 20. JAHRHUNDERT

Von der Industrialisierungswelle des letzten Jahrzehnts des XIX. Jahrhunderts und der ersten Jahre des XX. Jahrhunderts wurde auch Florenz erfaßt, und die Bevölkerungszahl stieg innerhalb von fünfundzwanzig Jahren um 50.000 Einwohner. Die Ansiedlung der

Eine Teilansicht vom Platz des Alten Marktes, der im 19. Jahrhundert vollständig restauriert wurde, aus einem Gemälde von Telemaco Signorini im Museum Florenz wie es war.

Industrieanlagen erfolgte jedoch wahllos und ohne ein bestimmtes Konzept, und die Betriebe fanden ihren «natürlichen» Standort vielfach an den von der Stadt ausgehenden alten Handelsstraßen und entlang der Eisenbahnlinie. Nördlich der Bahnlinie (Güterbahnhof Campo di Marte) und rund um Rifredi (Verkehrsknotenpunkt der Gewerbezentren im Florentiner Becken) lagen die ersten Industriegebiete.
Das demographische Wachstum beschleunigte die Bautätigkeit, vor allem den sozialen Wohnungsbau. Zwischen 1905 und 1913 wurden über 36.000 Zimmereinheiten geschaffen, meist in den Randgebieten entlang der Stadtmauer. Aus dieser Zeit stammen auch die typischen, zweistöckigen Reihenhäuser, die noch heute in einigen Querstaßen der Ringalleen (Viali) jenseits der Porta San Frediano und in den Stadtvierteln San Jacopino und San Salvi existieren. Die Stadtteile Le Cure und San Gervasio -Campo di Marte hingegen waren vorwiegend den Wohnbauten des gehobenen Mittelstandes vorbehalten. So entstanden hier (aber auch anderswo) viele der sog. «Villini», ein weitverbreiterter Wohnhaustyp der gutbürgerlichen Kreise um die Jahrhundertwende, der zuweilen bemerkenswerte Interpretationen im Jugendstil hervorbrachte (zum Beispiel die Villini von Giovanni Michelazzi) oder verschiedene Neo-Renaissancebauten (etwa die **Villa Favard** von Giuseppe Poggi und viele andere Bauten an den Alleen und Arno-Uferstaßen, auf der Piazza d'Azeglio usw.). Die intensive Bautätigkeit griff flächendeckend um sich und führte zu einer rapiden Ausdehnung des Stadtkerns, jedoch ohne urbanistisches Konzept, wie es Poggi seinerzeit erstellt hatte. Erst 1915 gab es einen neuen Stadtbebauungsplan, der schließlich 1924 zur Anwendung kam. Dieser beschränkte sich jedoch darauf, die vorhandene Situation durch Teileingriffe zu «rationalisieren» und das periphere Straßennetz auszubauen, indem man die Häuserblocks umriß und die freien Zonen der Ebene bis an den Fuß der Hügel einnahm. Der Plan sah auch die Sanierung einiger «alter» Wohnviertel der Stadt vor, die aber glücklicherweise nur in geringem Maß zur Durchführung kam, etwa im Viertel Santa Croce, wo man 1936 einige Häuserblocks niederriß.
Zur Zeit des Faschismus belebt sich der soziale Wohnungsbau in einigen Gebieten, die damals zum Stadtrand gehörten und später in der globalen Expansion aufgingen. Das Schwergewicht jener Epoche liegt indessen auf dem demagogisch betriebenen Monumentalbau als Ausdruck des Regimes. Damals entstanden Gebäude von geringem architektonischem Wert (wie das vor kurzem abgetragene *Balilla-Haus* an der Piazza Beccaria), aber auch hervorragende Bauten wie das **Stadion** von Pier Luigi Nervi (1932) und der neue Hauptbahnhof (1935), eine Gemeinschaftsarbeit unter der Leitung von Giovanni Michelucci. In den Jahren der faschistischen Diktatur baute man auch weiter am Komplex der **Nationalbibliothek**; das weitläufige Gebäude, dessen umstrittener Stil nach Emilio Cecchi einem «balkanisierenden Kursaal» entsprach, umschloß einen der schönsten Kreuzgänge Brunelleschis, womit ein neuerlicher, schwerwiegender städtebaulicher Eingriff in den historischen Kontext verübt wurde.
Mit den fünziger Jahren erlebte die Stadt, die bereits vor dem zweiten Weltkrieg mehr als 300.000 Einwohner hatte, das größte Wachstum ihrer Geschichte: innerhalb von zwanzig Jahren (von 1951-1971) stieg die Bevölkerung von 374.000 auf 457.000 Einwohner. Die Randzonen werden buchstäblich aufgesogen von der immer chaotischer werdenden Expansion, die den Gesetzen einer unkontrollierten Spekulation unterliegt. Erst mit der Verabschiedung des Allgemeinen Stadtbebauungsplans (5. Sept. 1966) wurde im Rahmen einer grundlegenden Erneuerung der territorialen Verwaltungsmethoden ein regelrechtes urbanistisches Konzept entwickelt.

DER ARNO, STRASSEN, PLÄTZE

DER PONTE VECCHIO UND DIE BRÜCKEN VON FLORENZ

Er ist die älteste Brücke der Stadt, mit den Juweliergeschäften und dem **Gang Vasaris**. Zehn Brücken führen in Florenz über den Arno. Die **Brücke Santa Trinita** ist mit Zierstücken und Statuen geschmückt.

DER PLATZ S. TRINITA

Im Zentrum des asymmetrischen Platzes befindet sich die **Säule der Justitia**.

DER PLATZ DER REPUBLIK

Er wurde 1887 im Herzen der Stadt angelegt, dabei wurden alte Stadtteile und das Judenviertel auf dem früheren Forum Romanum zerstört. Im Hintergrund der große **Bogen**.

DER PALAZZO STROZZI

Dieser Renaissance-Palast wurde von Benedetto da Maiano errichtet. Im Inneren: der **Hof** und die **Loggia**.

DER PALAZZO MEDICI-RICCARDI (via Cavour)

Der ehemalige Wohnsitz der Medici. Im Inneren: der **Hof**, die **Kapelle**, mit Fresken von Benozzo Gozzoli und der **Saal** mit Fresken von Luca Giordano.

DIE SYNAGOGE (via Farini)

Ein Israelitischer Tempel aus dem 19. Jahrhundert. In der Nähe befindet sich der Gebäudekomplex der jüdischen Gemeinde und die Säle des **Museums für jüdische Kunst**.

DIE STADTTORE VON FLORENZ

Auf der linken Seite des Arno sind die Stadttore immer noch mit einem Mauergürtel verbunden. Auf der rechten Seite des Flusses: die **Porta alla Croce** auf der Piazza Beccaria, die **Porta al Prato** und die **Porta S. Gallo** inmitten der Plätze entlang der großen Alleen.

Oben: die flußabwärts ausgerichtete Brückenseite des Ponte Vecchio über den Arno; links: die Büste des Cellini. Gegenüber, oben: die flußaufwärts ausgerichtete Seite der Brücke und unten: eine Teilansicht einiger Werkstätten auf der Brücke und der Bögen, auf denen der Korridor des Vasari ruht.

DER PONTE VECCHIO
UND DIE BRÜCKEN VON FLORENZ

*Heute besitzt Florenz zehn Brücken; bis 1957 jedoch waren es sechs, die im Laufe der Jahrhunderte verändert worden waren. Alle Brücken wurden nach den verheerenden Zerstörungen durch deutsche Minen im Jahr 1944 wieder aufgebaut. Der **Ponte Vecchio** ist die älteste Brücke der Stadt, nicht nur weil sie als einzige noch in ihrer ursprünglichen Form erhalten ist, sondern weil sie genau an der Stelle steht, an der sich zumindest drei Vorgängerbrücken befanden: eine aus römischer Zeit, eine, die 1117 zerstört wurde und schließlich die Brücke, die dem Hochwasser von 1333 zum Opfer fiel. Die Brücke, so wie wir sie heute bewundern können, wurde 1345 von Neri di Fioravante erbaut; sie ist solide, elegant und ruht auf drei Bögen. Ungefähr in der Mitte des Brückenfelds ist ein freier Teil ausgespart, von dem aus man einen schönen Blick auf den Arno und die anderen Brücken hat. Oberhalb der Häuser verläuft der **Corridoio Vasariano**, der Gang des Vasari, der gebaut wurde, damit Cosimo I. ungestört vom Palazzo Vecchio zum Palazzo Pitti gelangen konnte. Die Geschäfte auf der Brücke gehören seit dem 16. Jahrhundert Goldschmieden, früher noch Fleischern und anderen.*
*Die zweite Florentiner Brücke ist der **Ponte Nuovo** oder **Ponte alla Carraia** (1220), die für den « schweren » Verkehr der damaligen Zeit bestimmt war. Auch sie wurde*

nach den Überschwemmungen von 1274 und 1333 rekonstruiert und schließlich nach der Zerstörung von 1944 wiederaufgebaut. Die dritte Brücke ist der **Ponte alle Grazie** (1237), die ihren Namen einer Kapelle verdankt, die der Madonna delle Grazie, der Muttergottes der Anmut, gewidmet ist. Die Brücke, die wir heute sehen, stammt aus der Zeit nach dem Krieg. Die vierte Brücke ist der **Ponte S. Trinita**, ein Meisterwerk Ammannatis (1567-70). Zwei weitere Brücken stammen aus dem 19. Jahrhundert: die Brücke **S. Niccolò** und die an den Cascine (ursprünglich als Hängebrücke konzipiert), die 1928 in **Ponte alla Vittoria** umbenannt wurde. 1957 wurde die Brücke **Ponte Vespucci** eingeweiht; sie ist die erste moderne Brücke und die siebte von Florenz. 1969 kam die Brücke **Giovanni da Verrazzano** hinzu, sowie der **Viadukt des Indiano**, jenseits der Cascine und die **Brücke des Varlungo**.

DER TURM DER MANNELLI

Der **Turm der Mannelli** gehörte der gleichnamigen Familie, die, ursprünglich ghibellinisch, sich in zwei Teile aufsplitterte: einen ghibellinischen und einen guelfischen. Dieses Gebäude konnte glücklicherweise vor dem Abriß bewahrt werden, denn der Corridoio Vasariano, den Cosimo I. bauen ließ, hätte mitten durch den Turm hindurchgeführt. Doch der Großherzog war so edelmütig, die Bitten der Mannelli zu erhören und verschonte den Turm, der sich auch heute noch auf der anderen Arnoseite am Ponte Vecchio befindet.

Links: der Turm der Mannelli; unten: der Ponte Vecchio und seine Geschäfte. Gegenüber, oben: die Brücke S. Trinita und der Ponte Vecchio; unten: die Brücke S. Trinita flußaufwärts.

Tecno
RISTOR

DER PLATZ UND DIE BRÜCKE SANTA TRINITA
Die Brücke ***Ponte Santa Trinita*** *wird an ihrem nördlichen Brückenkopf in Richtung Stadtzentrum von den Figuren des Frühlings und des Sommers geschmückt (gegenüber, unten links). Am* ***Palazzo Ferroni*** *vorbei (gegenüber, oben) gelangt man zur* ***Piazza Santa Trinita*** *(gegenüber, unten links), in ihrer Mitte steht die* ***Säule der Giustizia****, ein romanischer Fund aus den Caracalla-Thermen, die auf der Spitze um die Figur der Justizia bereichert wurde, die dem Komplex seinen Namen gab.*

DER PLATZ DER REPUBLIK
Hier war früher einmal das Forum Romanum, wo sich der « cardo » und der « decumanus » kreuzten. Im Mittelalter war hier das belebte Zentrum des Alten Markts. Der Platz kam zu seiner heutigen anonymen Form als 1887 das Zentrum der Stadt zum allgemeinen Entsetzen niedergerissen wurde. So entstanden an der Stelle von Türmen und alten Häusern, dem historischen Judenviertel, Kirchen, Geschäften und Marktständen die großen Paläste und Cafès. Es entstand auch der große Bogen, der zur via Strozzi führt und wie der Platz selbst nach Vittorio Emanuele II. benannt ist.

DER PALAZZO STROZZI
Dies ist das typische Beispiel eines Renaissance-Palastes. Er wurde 1849 von Benedetto da Maiano entworfen. Im unteren Teil aus Pietra Forte öffnen sich das große Portal mit seinem Bogen aus Bossenwerk und die rechteckigen Fenster; der obere Teil des Bauwerks, der Cronaca zugeschrieben wird, wird von zwei klassizistisch anmutenden gezackten Gesimsen unterteilt und endet ganz oben in einem großen Gesims.

Rechts: der Palazzo Strozzi; unten: der Platz der Republik.

DER PALAZZO MEDICI-RICCARDI
Dies ist der Palast, den Cosimo der Ältere für sich und seine Familie errichten ließ. Er ist ein Werk des Michelozzo (1444-1464) und ein typischer herrschaftlicher Wohnsitz der Renaissance. 1517 wurden die offene Loggia im Erdgeschoß vermauert und die Fenster mit Tympanon hinzugefügt, die Michelangelo zugeschrieben werden. 1655 wurde der Palast von den Riccardi gekauft, die die Fassade und den inneren Baukörper erweiterten und damit das Aussehen des ursprünglichen Entwurfes veränderten. Die Fassade besteht im unteren Geschoß aus grober Bossenquaderung und geht nach oben hin in eine glattere Mauerverkleidung über (glattes Bossenwerk und glatte, gut miteinander verbundene Platten). Die Zwillingsfenster besitzen eine kleine Säule, die oben mit einem Medaillon geschmückt sind; oben verläuft ein klassizistisches Konsolgesims am Palast. Er war ehemals im Besitz von Lorenzo il Magnifico, ist heute Sitz der Präfektur und zeigt in der ***Kappelle****, die ebenfalls ein Werk des Michelozzo ist, das berühmte Fresko von Benozzo Gozzoli* Der Gang der Könige nach Bethlehem. *Es wurde von 1459-60 gemalt und stellt die Persönlichkeiten dar, die bei dem Konzil von Florenz 1439 anwesend waren (man erkennt Giovanni VII., Lorenzo, Piero il Gottoso mit den Töchtern, Galeazzo Maria Sforza, Sigismondo Malatesta; ebenfalls sieht man Benozzo selbst und seinen Meister Beato Angelico). Sehenswert ist auch der* ***Hof*** *des Palastes; er weist einen Säulengang auf, der von einer Reihe Zwillingsfenster und einer Loggia überragt wird, die mit Sgraffitomalereien des 15. Jahrhunderts von Maso di Bartolomeo und Medaillons von Bertoldo geschmückt ist.*

Gegenüber, oben links; der Palazzo Medici-Riccardi; rechts: der Saal des Luca Giordano; unten, auf dieser Seite: einige Details der Kapelle des Palastes mit Fresken von Benozzo Gozzoli, die die Drei Könige auf dem Weg nach Bethlehem darstellen.

DER SYNAGOGE
Die israelitische Kirche in orientalisch-byzantinischem Stil ist ein Werk der Architekten Falcini, Treves, Micheli und Cioni (1874). Die mit einer großen, mit Kupfer überzogenen Kuppel bedeckte Synagoge wurde im Oktober 1882 eingeweiht. Sie ist sowohl ihrer raffinierten Fresken und Mosaike wegen, die sie innen und außen schmücken als auch aufgrund ihrer historischen und kulturellen Bedeutung (sie ist das Symbol für die Befreiung aus dem Ghetto) interessant.

DIE STADTTORE VON FLORENZ
Von den äußerst zahlreichen Toren des Mauerrings aus dem 14. Jahrhundert in Florenz konnten vor der Zerstörung durch den Architekten Poggi 1865 nur die ***Porta alla Croce, al Prato*** *und* ***San Gallo*** *diesseits des Arno und die* ***Porta Romana, San Frediano*** *und* ***San Giorgio, San Miniato*** *und* ***San Niccolò*** *jenseits des Arno gerettet werden. Es fehlen das neunte Tor der Haupttore, die Porta a Faenza und die sieben kleineren Tore. Von den heute noch erhaltenen Toren verdient besonders die imposante Porta Romana (1326) Beachtung und die Porta San Giorgio (1260) aus dem zweiten Mauerring.*

Auf dieser Seite: die Außen- und Innenansicht der Synagoge; gegenüber, links: die Brücke S. Niccolò; rechts, von oben nach unten: die Tore Porta alla Croce, Porta Romana und Porta S. Giorgio.

RACCOLTA VETRO

DIE MUSEEN UND GALERIEN

Die «Konzentration» und «Anhäufung» von Kultur gehören, um es mit Mumford's Worten auszudrücken, «zu den wichtigsten Funktionen der Stadt, und das Maß, in welchem diese ausgeübt werden, bestimmt zum Teil ihre Bedeutung und ihren Stellenwert, während die übrigen gemeindepolitischen Funktionen, so wichtig sie auch sein mögen, vorwiegend Beiwerk und Wegbereiter sind». Die vordergründige Rolle, die Florenz im Bildungsprozeß der modernen Kultur der westlichen Welt spielt, deren Wurzeln großenteils in dieser Stadt zu suchen sind, beruht nicht zuletzt auf dem reichen Erbe der florentinischen Museen und kulturellen Einrichtungen, die in der Verknüpfung von Vergangenheit, Gegenwart und Zukunft zur Vermittlung menschlicher Erfahrungen und Erinnerungen beitragen.
Bei der überwiegenden Zahl der florentinischen Museen handelt es sich um Kunstmuseen, die von der glanzvollen Tradition der Stadt als Wiege der Renaissance und Hüterin eines unermeßlichen Schatzes an Bildwerken und Gemälden zeugen. Die **Uffizien** stellen die größte Pinakothek Italiens und eine der bedeutendsten Kunstgalerien der Welt dar. 1581 richtete Francesco I. dei Medici im Obergeschoß des unter Cosimo I. von Vasari geschaffenen Portikusbaus die Galerie ein, die heute auf eine vierhundertjährige Tradition zurückblickt. Die damaligen «*Uffizi*» (ursprünglich Verwaltungsräume) umfaßten die *Tribuna*, ein Werk Buontalentis, einige angrenzende Räume und den zweiten Flügel der «Galleria», in der früher Kunstwerkstätten untergebracht waren. Hier trug Francesco I. den mediceischen Kunstschatz zusammen: Gemälde, Bronzen, Miniaturen, Email -und Elfenbeinarbeiten, Kleinodien, Kuriositäten und antike Medaillen. Ferdinando I. bereicherte die Galerie durch zahlreiche Ankäufe um wertvolle Kunstwerke und ließ die Waffensäle sowie Räume für wissenschaftliche Geräte einrichten. 1631 wuchs der Bestand an Gemälden, hauptsächlich von Raffael und Tizian, durch den Urbiner Nachlaß von Francesco Maria della Rovere (Großvater Vittorias, der Gemahlin Ferdinands II.). Noch umfangreicher war das Erbe, das von Kardinal Leopold de' Medici auf seinen Neffen Cosimo III. überging und eine hervorragende Sammlung mit Gemmen und Medaillen sowie berühmte Zeichnungen und Selbstporträts umfaßte. Nach dem Tod des letzten Medici, Giangastone, gelang es dessen Schwester und kurfürstlichen Witwe Anna Maria Lodovica, den Lothringern zur Auflage zu machen, daß die Kunstsammlungen in Florenz verblieben und der Allgemeinheit zugänglich gemacht wurden. Die neuen Dynasten setzten das Werk der Medici fort: Peter Leopold zum Beispiel ließ die Galerie neu ordnen und erweitern; er schuf den Treppenaufgang mit dem Vestibül und dem klassizistischen Saal, in dem die aus Rom stammende berühmte Niobe-Gruppe aufgestellt wurde. Gegen Ende des achtzehnten Jahrhunderts erfuhren die Uffizien eine globale Umgestaltung; damals trennte man die Sammlungen nach Spezialgebieten, verteilte sie auf andere Museen und verwandelte die Galerie in eine reine Pinakothek. Im neunzehnten Jahrhundert wanderten weitere Kunstschätze wegen Überfüllung der Säle ab: so warteten die archäologischen Sammlungen von 1830 bis 1965 auf ihre definitve Unterbringung. Das Hauptproblem der Galerie ist seit dem vorigen Jahrhundert die Unterbringung des gigantischen Kunstbesitzes, der mit dem Erwerb der Gemäldesammlung des *Arcispedale di Santa Maria Nuova* im Jahre 1872 noch gewachsen war. Um einen weiteren Teil des reichen Gemäldebestandes ausstellen zu können, eröffnete man vor einigen Jahren den *Corridoio Vasariano*, einen Gang, der das Uffiziengebäude über den Arno hinweg mit dem Palazzo Pitti verbindet. Durch die Hinzunahme des gesamten vasarianischen Gebäudes und die Neugestaltung des Eingangsbereiches werden die Uffizien in Zukunft über genügend Räumlichkeiten für alle Sammlungen verfügen.
Die Galerie, die heute über eine Million Besucher pro Jahr verzeichnet, vermittelt einen umfassenden Überblik über die florentinische Malerei mit hervorragenden Werken, die für das Verständnis der verschiedenen Epochen von außerordentlicher Bedeutung sind, sowie über andere italienische Schulen, vor allem die venezianische, eine wertvolle Kernsammlung flämischer Malerei und die berühmte Selbstporträtsammlung (die einzige in der ganzen Welt!).
Die Malerei des Duecento ist vertreten durch eine «Maestà» (Thronende Madonna) von Cimabue (XIII. Jahrhundert), ein um 1280 entstandenes Werk, das vormals den Hochaltar der florentinischen Kirche *Santa Trinita* schmückte, sowie durch die sogenannte «Madonna Rucellai» von Duccio di Buoninsegna, ein nach dieser Familie benanntes Tafelgemälde, das sich in der gleichnamigen Kapelle in der Basilika *Santa Maria Novella* befand. Zu den Hauptwerken des frühen XIV. Jahrhunderts gehören dann die «Madonna in Maestà» von Giotto und die «Verkündigung» von Simone Martini. Das um 1300 datierte Marienbild Giottos aus der *Kirche Ognissanti* ist in einen perspektivisch erfaßten Raum eingebunden, umgeben von einer kleinen Engel -und Heiligenschar: «... essentielle, ausdrucksstarke, strenge Gesichter, doch erfüllt mit tiefem, menschlichem Gefühl» (L. Berti). Die 1333 datierte «Verkündigung» von Simone Martini gelangte vom Dom zu Siena in die Uffizien. «Das Gemälde, das durch seine ätherische Darstellung, den wogenden Rhythmus in der Gestik und die feine Zeichnung der schmückenden Details überwältigt», stellt eines der großen Meisterwerke der sienesischen Malerei dar.
Aus der Übergangszeit vom XIV. zum XV. Jahrhundert sind in der Malerei vor allem die beiden bedeutenden Triptychen von Lorenzo Monaco («Verkündigung») und Gentile da Fabriano («Anbetung der Könige») zu nennen. Die nachfolgende Renaissancekunst bringt bedeutende Maler hervor mit Meisterwerken von Fra' Giovanni Angelico, Masaccio, Masolino, Filippo Lippi, Piero della Francesca, Paolo Uccello, Antonio e Piero del Pollaiolo, Botticelli, Mantegna, Pietro Perugino, Luca Signorelli, Domenico Venezia-

no, Verrocchio, Leonardo, Michelangelo usw. Von Piero della Francesca stammen die berühmten «Porträts der Herzöge von Urbino, Federico und Battista», zwei kleine Tafeln, auf deren Rückseiten allegorische Triumphbilder der Herzöge dargestellt sind. Beim Porträt Federicos kontrastiert die im Profil gezeichnete bildbeherrschende Büste des Herzogs mit der «in eine transparente Atmosphäre getauchten Landschaft» im Hintergrund.

Die großartige Schlacht von San Romano von Paolo Uccello gehörte mit zwei weiteren Episoden (heute im Louvre und in der National Gallery in London) zu einem Gemäldezyklus, der früher einen Saal im *Medici-Palast* in der Via Larga schmückte. Trotz der ins Poetische übertragenen Bildaussage macht das Gemälde die Vehemenz und Grausamkeit des Schlachtengetümmels deutlich, «das als Vorwand für kühne Perspektiven und volumetrische Formspiele benutzt wird». Von Domenico Veneziano besitzt die *Uffizien*-Galerie das Schlüsselwerk zum Verständnis dieses Künstlers: eine Altartafel aus der Kirche *Santa Lucia dei Magnoli*, die «Madonna mit dem Kind und Heilige» darstellend. Voll intensiver Leuchtkraft sind die Farben des klar skandierten, architektonischen Raumes, in den die plastisch gestalteten Figuren hineingestellt sind.

Von Fra' Filippo Lippi erwähnen wir nur die berühmte «Madonna mit dem Kind», die um 1445 entstand: bei diesem Werk gelangt der Maler in dem anmutigen Profil der Jungfrau und dem romantischen landschaftlichen Hintergrund zu höchstem lyrischen Ausdruck. Antonio del Pollaiolo ist unter anderem mit dem kleinen Gemälde «Herkules und Antäus» vertreten, das zusammen mit seinem «Pendant», «Herkules und die Hydra» 1963 in Amerika aufgefunden wurde: die unruhige und zugleich kraftvolle Linienführung bestimmt den Aufbau der beiden kämpfenden Gestalten und verleiht dem Bild eindringliche Dramatik.

Sämtliche Werke von Sandro Botticelli wurden in einem 1978 eingeweihten Saal zusammengestellt, der auf der Grundlage wissenschaftlicher museumskundiger Studien gestaltet wurde. Botticelli, der die vom Funktionellen her bestimmte Linie Pollaiolos übernimmt, verwandelt die spasmodische Spannung Antonios in einen fast musikalischen Rhythmus, der in den großartigen mythologischen Darstellungen der späten Schaffensperiode zur Vollendung gelangt («Frühling», «Geburt der Venus». *Es sind Bilder, in denen der Künstler »jene literarischen und philosophischen Mythen wiedergibt, die den Intellekt des Menschen und seine Vollkommenheit verherrlichen»* (M. Lenzini).

Aus der Klosterkirche von San Bartolomeo di Monteoliveto stammt die «Verkündigung», ein Werk, das die moderne Kunstkritik aufgrund des hohen poetischen und malerischen Niveaus dem jungen Leonardo zuschreibt.

Vom genialen Michelangelo bewahren die *Uffizien* das berühmte Tondo «Die Heilige Familie», das der Künstler zur Hochzeit von Agnolo Doni und Maddalena Strozzi malte. Die kniende, dem Kind zugewandte Maria vor Josef, der den Jesusknaben trägt, bildet mit den übrigen Figuren der Gruppe eine «geschlossene Komposition in leuchtenden Farben» (L. Berti). Dem flämischen Kreis gehören zwei wertvolle Gemälde des ausgehenden XV. Jahrhunderts von Hugo van der Goes (Portinari-Altar) und Rogier van der Weyden (Grablegung) an, die ihre Zeitgenossen (insbesondere Domenico Ghirlandaio und Filippino Lippi) durch die analytische Darstellung der Landschaft und die expressiven Physiognomien der Figuren beeindruckten. Auch die bedeutendsten Persönlichkeiten der Spätrenaissance sind in den Uffizien vertreten: von Andrea del Sarto bis Pontormo, von Tizian bis Parmigianino, von Bronzino bis Correggio, von Giovanni Bellini zu Raffael, von Giorgione zu Albrecht Dürer und Caravaggio.

Von Raffael besitzt die Galerie ein Jugendbildnis, die berühmte «Madonna del Cardellino» und das «Bildnis des Papstes Leo X. mit den Kardinälen Giulio de' Medici und Luigi de' Rossi», Werke, in denen der «Liebreiz Umbriens und des ersten Meisters Perugino mit der Kunst Leonardos verschmelzen».

Der größte Maler des venezianischen Kreises aus der zweiten Hälfte des Quattrocento, Giovanni Bellini, ist mit einer «Sacra Allegoria» von geheimnisreicher Bedeutung, bei der eine wie verzauberte Natur in eine unaussprechliche, beinahe metaphysische Atmosphäre getaucht ist, vertreten. Ein weiterer bedeutender Künstler der venezianischen Malerei ist Giorgione, von dem in den *Uffizien* das «Urteil Salomos» zu sehen ist. Von Tizian, dem Hauptvertreter des venezianischen Cinquecento, besitzt die Galerie zwei fundamentale Werke: «Flora» und die sogenannte «Venus von Urbino». Letzteres aus der späten Schaffensperiode entstand 1538 im Auftrag von Guidobaldo da Montefeltro und gelangte im XVII. Jahrhundert mit dem Nachlaß der Della Rovere in mediceischen Besitz: die Frauengestalt von vollendeter Harmonie ist, wie die gesamte Bildkomposition, von warmen Tönen durchflutet.

1916-1917 entdeckte man in den Lagerräumen der *Uffizien* den «Jugendlichen Bacchus», ein Frühwerk Caravaggios, in dem die «realistische Darstellung, die von der natürlichen Frische der Früchte und Weinblätter ausgeht, die Bildaussage steigert» (L. Berti).

Von den übrigen Werken des XVI. Jahrhunderts seien erwähnt: «Anbetung des Kindes» von Antonio Allegri, Correggio genannt; das «Bildnis der Eleonore von Toledo» von Bronzino; die sogenannte «Madonna mit dem langen Hals» von Parmigianino; die «Anbetung der Könige» von Albrecht Dürer; die «Madonna delle Arpie» von Andrea del Sarto.

Der **Palazzo Pitti**, Residenz von drei mächtigen Familien, die für die Geschichte von Florenz und ganz Italien von Bedeutung waren, umspannt das italienische und ausländische Kunstschaffen vom XV. bis XVII. Jahrhundert mit zahlreichen Meisterwerken der größten Malschulen Italiens (Florenz, Venedig, Emilia-Romagna, Rom, Neapel) und Europas (flämische und spanische Schule). Alle diese Werke befinden sich in der sogenannten **Galleria Palatina**, der fürstlichen Privatgalerie des Palastes, deren Anordnung weniger wissenschaftlichen als dekorativen Kriterien unterlag, so daß die Gemälde im Rahmen der prunkvollen Ausstattung und des kostbaren Mobiliars einen besonderen Stellenwert erhalten.

Großherzog Cosimo II. begann 1620 mit der Einrichtung der Galerie im Obergeschoß, dessen Säle von Pietro da Cortona und Ciro Ferri mit einem Freskenzyklus, der in Allegorien die Verherrlichung des Hauses Medici zum Thema hat, ausgestaltet wurden. In der Folgezeit bereicherten die mediceischen und lothringischen Fürsten die Galerie um zahlreiche Kunstwerke. 1799 schrumpfte der Bestand jedoch erheblich, als Napoleon eine Reihe von Gemälden und Tafeln nach Frankreich brachte, von wo sie (aber nur

zum Teil) erst 1815 zurückkamen. Ferdinand II. von Lothringen ließ weitere Säle in klassizistischem Stil dekorieren und verdoppelte die Galerie, die 1833 von seinem Nachfolger Leopold II. für das Publikum geöffnet wurde.
Der Ruhm der *Pitti*-Sammlung beruht auf einer Reihe außergewöhnlicher Gemälde bedeutender Künstler wie Raffael, Tizian, Andrea del Sarto, Rubens, Perugino und anderen hervorragenden, wenn auch weniger bekannten Persönlichkeiten. Beachtlich ist auch die Zahl der historischen Porträts, die der Galerie jenen faszinierenden, familiären Charakter verleihen, wie er im Rahmen der Gemäldegalerien des XVII. Jahrhunderts nur selten anzutreffen ist.
Zu den Hauptwerken der Sammlung gehört das große Rundbild, das Filippo Lippi 1450 für einen reichen Florentiner Kaufmann malte und die «Madonna mit dem Kind» darstellt; im Hintergrund «die Geburt Mariens». Von Raffael ist neben den berühmten «Porträts von Agnolo und Maddalena Doni» das berühmte Bildnis «La Velata» zu sehen, sowie das Spätwerk «Madonna della Seggiola» (um 1516), eine Komposition, die in vollendeter Weise mit dem Rund des kostbaren Rahmens verschmilzt und dessen Farbgebung eine eindringliche Tiefenwirkung schafft. Die Jungfrau mit dem Kind war ein Thema, das Raffael besonders liebte (die Galerie enthält auch die sog. «Madonna del Granduca»).
Tizian ist u.a. mit dem an Giorgiones Stil erinnernden «Konzert» vertreten, eine in warme Goldtöne getauchte, schlichte Komposition mit drei Figuren. Vom gleichen Künstler fünf hervorragende Porträts, darunter das Bildnis eines Edelmannes, auch «Der Mann mit den grauen Augen» genannt.
Von Peter Paul Rubens, dem größten flämischen Maler des XVII. Jahrhunderts, sind rund ein Dutzend Werke vorhanden. Beachtenswert das riesige Leinwandgemälde «Die Folgen des Krieges», bei dem Mars sich in fließender Bewegung aus den Armen der Venus löst, um der Zwietracht zu folgen, die ihn mit sich fortreißt.
Der harte Realismus und die Intensität der Empfindungen, die das gesamte Werk von Michelangelo Merisi, Caravaggio genannt, durchziehen, manifestiert sich auch im «Schlafenden Amor», wo «das heitere Bild des schlummernden Knaben das wesentliche Ideal des Künstlers wiedergibt, der mit dem Spiel des Lichts den eigentlichen Bildgehalt ausdrückt: den unschuldigen Schlaf eines Kindes» (M. Chiarini).
Zu den zahlreichen anderen Hauptwerken zählen «Tod der Lukrezia» von Filippino Lippi; «Himmelfahrt Mariens» von Andrea del Sarto; «Beweinung Christi» von Fra' Bartolomeo; «Porträt des Kardinals Bentivoglio» von Anthonis van Dyck; die sogenannte «Madonna del Sacco» von Perugino; eine «Heilige Familie» von Guercino.
Nach 1919 brachte man in den freskierten Sälen im Erdgeschoß des linken Gebäudeflügels die Pretiosen verschiedener Herkunft unter (sie befanden sich vorher in den Privatgemächern des Palastes), die heute im **Museo degli Argenti**, dem sog. Silbermuseum, zusammengefaßt sind. Es handelt sich um Familienschätze der Medici und Lothringer, die trotz einiger Verluste eine stattliche Sammlung mit Gemmen, Kammeen, geschnittenen Steinen, Statuetten, Möbeln, Porzellan, Bernsteingegenständen, Korallen und Elfenbeinarbeiten, getriebenen und vergoldeten Silbergegenständen usw. darstellen. Die Kernsammlung geht auf Lorenzo il Magnifico zurück, später kam die Schmucksammlung der Fürstbischöfe von Salzburg hinzu, die Ferdinand II. von Lothringen bei seiner Rückkehr nach dem zeitweiligen Exil 1814 aus Österreich mitbrachte.
In den Sälen der letzten Etage des *Palazzo Pitti* befindet sich die **Galleria d'Arte Moderna**, die Moderne Kunstgalerie, die um 1860 gegründet, 1910 neu geordnet und später weiter ausgebaut wurde. Sie vermittelt einen umfassenden Überblick über die toskanische Malerei des XIX. und XX. Jahrhunderts mit bezeichnenden Werken anderer italienischer Schulen des XIX. Jahrhunderts, von denen die piemontesische und neapolitanische einen besonderen Rang einnehmen. Neben dem akademischen Kreis werden hier die «Macchiaioli» vorgestellt, eine Gruppe florentinischer Maler mit Werken von Giovanni Fattori, Silvestro Lega, Adriano Cecioni, Telemaco Signorini usw. Die zeitgenössische Kunst ist zwar umfangreich, doch weniger bedeutsam, da nur italienische Richtungen vertreten sind.
Im Auftrag des Großherzogs Peter Leopold wurden 1874 alle in Florenz existierenden Zeichenschulen zu einer einzigen Akademie zusammengefaßt. Ferner veranlaßte der Fürst die Einrichtung einer Galerie mit alten Gemälden, die als Studienobjekte dienen sollten. So entstand in den Räumen des ehemaligen *Hospitals San Matteo* und des aufgelösten *Klosters San Niccolò* die **Galleria dell'Accademia**, die ihren Kernbestand bald durch zahlreiche Werke, vorwiegend aus säkularisierten Kirchen und Klosteranlagen, vergrößern konnte. Nach 1913 fanden die bedeutenderen Arbeiten in den *Uffizien* Aufnahme, während ein weiterer Anteil den Grundstock für die *Moderne Kunstgalerie* bildete. Mit der Aufstellung der Kolossalstatue des David von Michelangelo auf der Piazza Signoria im Jahre 1873 gewann die *Akademie* zusätzlich an Bedeutung. In den ersten Jahren des zwanzigsten Jahrhunderts stellte man in der eigens für den «David» geschaffenen *Tribuna* einige der eindrucksvollsten Plastiken Michelangelos auf: die Statue des «Hl. Matthäus», die «Vier Gefangenen» und, 1939, die «Pietà di Palestrina».
Heute ist die *Galleria dell'Accademia* nach den *Uffizien* das meistbesuchte Museum von Florenz, nicht zuletzt aufgrund der hier ausgestellten Werke von Michelangelo, vor allem des «David» als der Synthese der Ideale der florentinischen Renaissance» (Tolnay). Der Künstler schuf die weltberühmte Statue zwischen 1501 und 1504 aus einem von Agostino di Duccio ausrangierten Mamorblock, den Michelangelo im Hof des Dommuseums fand. Das riesige Standbild (es ist über vier Meter hoch) ist höchster Ausdruck des schöpferischen Talents von Michelangelo: der von dynamischer Spannung durchdrungene Körper und die edlen Gesichtszüge des Jünglings strahlen Mut und Entschlossenheit aus, den Feind zu besiegen.
Die Galerie besitzt darüber hinaus eine hervorragende Sammlung mit Werken der Frührenaissance («Primitivi»). Ein von der Ikonographie und Expressivität her einmaliges Werk stellt das aus dem *Kloster Santissima Annunziata* stammende Tafelgemälde mit der «Lebensgeschichte der Magdalena» dar, das einem der byzantinischen Tradition verhafteten, unbekannten Meister der zweiten Hälfte des XIII. Jahrhunderts zugeschrieben wird.
Von Bedeutung für das Verständnis weitverbreiteter Bräuche in Mittelalter und Renaissance ist auch eine Truhe, auf deren Frontseite ein Hochzeitszug dargestellt ist. Es handelt sich um die berühmte «Adimari-

Truhe», datierbar um die Mitte des XV. Jahrhunderts, die in trefflichem Erzählstil die kleinsten Details der Gewänder und des Milieus der festlichen Szene wiedergibt. Botticelli schreibt die jüngere Kritik das kleine Tafelbild der Madonna mit dem Kind zu, die wegen der Meerlandschaft im Hintergrund auch «Madonna del Mare» genannt wird. In der Tat trägt die Jungfrau die für Botticelli typischen zarten Gesichtszüge, denen etwas «grüblerisch Melancholisches» anhaftet und deren Zeichnung einer «lyrischen Abfolge linearer Bewegung» gleichkommt.
Nach der Auflösung des Klosters San Marco im Jahre 1866 wurde am 15. Oktober 1869 das neue **Museum San Marco** oder «Angelico-Museum» eröffnet, das fast hundert Werke, Fresken und Tafelgemälde, von Guido di Pietro Tosini enthält, dem bei Vicchio geborenen Klosterbruder Fra' Giovanni da Fiesole, auch Beato Angelico genannt (1387-1455). «Das faszinierendste aller bekannten monographischen Museen» bewahrt nahezu sämtliche auf toskanischem Boden entstandenen Tafeln dieses Künstlers. Dazu kommen die Freskenzyklen, die Angelico zusammen mit seinem großen Gehilfenkreis (darunter Künstler wie Benozzo Gozzoli, Alessio Baldovinetti und Zanobi Strozzi an den Wänden des Kreuzgangs, des Dormitoriums und der Zellen des damals von Michelozzo renovierten *Klosters San Marco* schuf. Eines der eindrucksvollsten Zeugnisse seines Schaffens ist das kleine Tafelbild «Flucht nach Ägypten», das mit weiteren 35 Szenen einst die Türen des Silberschrankes der Kirche *Santissima Annunziata* schmückte. «Die Hauptpersonen der gefahrvollen Reise schreiten in friedvoller, inniger Gestik langsam dahin, während das Mondlicht die Gestalten und Bildgegenstände plastisch hervorhebt» (R. Chiarelli).
Das herrliche Tafelgemälde mit der «Kreuzabnahme» aus den Jahren 1435 bis 1440 gilt aufgrund der ausgewogenen Komposition der Pesonengruppen mit Christus in kühner Diagonallage, sowie des fein dosierten Lichts, das der ganzen Szene einen «unübertrefflichen, farbigen Glanz» verleiht, als stilistischer Höhepunkt des Künstlers.
Den Jahren von 1431 ist ein weiteres Hauptwerk Angelicos zuzuordnen, das Tafelbild mit der «Jungfrau und dem Kind, den Heiligen Petrus Martyr, Cosmas, Damian, dem Evangelisten Johannes, Lorenz und Franziskus», das aus dem ehemaligen «Kloster Annalena» stammt, nach dem das Gemälde auch benannt ist. Auch hier bildet die Farbe in ihren lebhaften Nuancen die Hauptkomponente des Gemäldes; zugleich handelt es sich um das erste «durchgehende» Altarbild, daß heißt ohne die traditionelle Unterteilung, wie sie bei den großen Altartafeln bis dahin üblich war. Im ersten Stock des Klostergebäudes liegt das geräumige Dormitorium mit hohem, offenem Dachstuhl und den kleinen Zellen, deren nackte Wände Angelico von 1439 bis 1445 mit Fresken belebte. Fast alle Szenen erzählen aus dem Leben Christi, von denen eine als des Künstlers Meisterwerk gilt: die berühmte «Verkündigung», eine der «vollkommensten und von tiefster Geistigkeit durchströmten Interpretationen dieses bewegenden und poetischen Themas», das dem malenden Klosterbruder besonders lieb war.
1859 beschloß die Provisorische Regierung der Toskana die Einrichtung eines Historischen Museums mit Sitz im ehemaligen Palazzo del Podestà oder *del Bargello*, der damals noch als Gefängnis diente. Wenige Jahre später (1874) spezialisierte sich das Museum vorwiegend auf Skulpturen (die man im Zuge der Neuordnung der Uffizien hier unterbrachte) und Kleinkunst. Seitdem wuchsen die Bestände unaufhörlich: 1888 mit dem Nachlaß der wertvollen Sammlung Carrand, europäische Kunst vom Mittelalter bis zum XVI. Jahrhundert; 1899 kam die Waffensammlung Ressman hinzu, und 1906 die Stoffsammlung Franchetti. Darüber hinaus trug die italienische Regierung die bedeutendsten Florentiner Bildwerke, vor allem aus der Renaissance, hier zusammen. Heute ist das **Museo Nazionale** oder **del Bargello** mit seinen Kleinkunstsammlungen und Skulpturen das größte Museum dieser Art in Italien und eines der bedeutendsten der ganzen Welt. Kein anderes Museum besitzt so viele hervorragende Werke von Künstlern wie Donatello, Della Robbia und allen anderen großen Bildhauern der Renaissance. Sehenswert ist auch die Sammlung mit Werken der Bildhauerei des XVI. Jahrhunderts, das sich durch Persönlichkeiten wie Michelangelo, Cellini und Giambologna auszeichnet. Erwähnung verdient auch die Waffenabteilung, deren Kernbestand auf die Mediceische Waffensammlung zurückgeht; aber auch die übrigen Abteilungen haben nicht ihresgleichen: Goldschmiedekunst und Emailarbeiten, Schmiedeeisen, mittelalterliche Elfenbeinkunst, italienische Majoliken der Renaissance, Stoffe, Siegel, Medaillen und Renaissance-Bronzen. Von Michelangelo besitzt das Museum das berühmte «Tondo Pitti», ein Werk, das durch seine «wunderschöne Bildaussage beeindruckt», ebenso die sogenannte «Büste des Brutus» (ein Idealbildnis des Lorenzo dei Medici, der den verhaßten Alessandro tötete), ein Jugendwerk («Bacchus») und ein marmornes Flachrelief mit dem «Martyrium des heiligen Andreas», sowie eine unvollendete «David»-Statue, früher Apollo genannt.
Der großartige «Salone del Consiglio Generale» enthält seit 1887 die Werke Donatellos sowie anderer florentinischer Bildhauer der ersten Hälfte des Quattrocento. Die Rückwand beherrscht ein fundamentales Werk der Frührenaissance: die Marmorstatue des «Hl. Georg», den Donatello 1416 für die Ädikula der Waffenschmiede - und Rüstungszunft an der Kirche *Orsanmichele* ausführte. Vasari bemerkte die «Schönheit der Jugend und den Wert der Waffen, den lebendigen Stolz und eine wunderbare Gestik, die sich in diesem Stein rührt». Zur Saalmitte hin befindet sich der «David», eine Bronzestatue nach Marmormodell, die um 1430 im Auftrag der Medici verwirklicht wurde und während des gesamten XV. Jahrhunderts im Hof des Palastes aufgestellt war. In der ersten Aktfigur der Renaissancekunst, die Harmonie und Anmut ausstrahlt, schwingt vor allem in der Kopfpartie eine «leise, psychologische Komponente» mit, die über die vollbrachte Tat nachzudenken scheint. Ebenfalls von Donatello stammen der «Jugendliche Johannes», ein Marmorbild voll «tiefen asketischen Ausdrucks», die Bronzestatuette «Athis» (Liebe) und viele andere kleinere Werke.
Auch die anderen großen Bildhauer der Renaissance sind vertreten mit Werken von beachtenswertem Rang: von Antonio del Pollaiolo eine Bronzestatuette, «Herkules im Kampf mit Antäus» darstellend, die sogenannte «Dame mit dem Blumensträußchen» von Verrocchio; der elegant schwebende «Merkur» von Giambologna und die imposante Bronzebüste des «Cosimo de' Medici» von Cellini aus den Jahren 1545 bis 1547.

Das Nationalmuseum bewahrt daneben eine repräsentive Auswahl von Werken über das Kunstschaffen des Luca Della Robbia, u.a. einige Frühwerke, die zu den reinsten Ausdrucksformen dieses Erneuerers der Renaissancekunst zählen, der zu Unrecht nur aufgrund seiner glasierten Terrakotten berühmt wurde.

Ein weiteres Florentiner Museum mit einem reichen Schatz an Kunstwerken, insbesondere der Spätrenaissance, ist der **Palazzo Vecchio**, dessen Inneres noch von der einstigen Pracht der Residenz der Signoria und später Cosimos I. zeugt. Der *Salone dei Cinquecento* (Saal der Fünfhundert), der nach den von Savonarola unterstützten Reformen für die Allgemeinen Volksversammlungen gebaut wurde, wurde im Auftrag des Hauses Medici von Vasari restauriert und neu dekoriert. Die wunderschöne Kassettendecke ist mit Allegorien und Episoden aus der Geschichte von Florenz geschmückt, und die Wände bedecken große Fresken von Vasari über kostbaren Gobelins mit Szenen aus dem Leben Johannes d. Täufers, die aus der Mediceischen Teppichmanufaktur stammen. Plastiken verschiedener Künstler runden die Saalausstattung ab: herausragend der machtvoll dramatische Ausdruck im «Sieg» von Michelangelo in der Darstellung des Jünglings, der die rohe Gewalt besiegt.

Ein Juwel der Spätrenaissance stellt das *Studiolo* (Studierzimmer) Francescos I. dar, ein kostbares, stilles «Kabinett», das Vasari nach Vorschlägen Vincenzo Borghinis schuf, der Anregungen für die Themen der Wandgemälde gab. Die Deckenausmalung dagegen übernahm Francesco Morandini, Poppi genannt.

Im zweiten Stock des Palastes befindet sich die sogenannte *Sala degli Elementi*, nach der ein ganzes Appartement bezeichnet wird. Der von Del Tasso um die Mitte des XVI. Jahrhunderts gebaute und später von Vasari veränderte Saal leitet seinen Namen von den Wand - und Deckenfresken mit mythologischen Allegorien her. Neben Vasari wirkten hier mehrere Künstler und Ausstatter, insbesondere Cristoforo Gherardi, Doceno genannt. Die Wände der *Sala dei Gigli* (Liliensaal), ein Werk von Benedetto da Maiano, sind, wie der Name besagt, vollständig mit goldenen Lilienblüten übersät, die an die Beziehungen der florentinischen Republik mit dem Königreich Frankreich erinnern. Die Fresken an den Wänden verdanken wir Domenico Ghirlandaio und seinen Gehilfen; sie wurden zwischen 1481 und 1485 ausgeführt.

Im Quartiere di Eleonora di Toledo, der Gattin des Großherzogs Cosimi I., befinden sich außer dem *Grünen Zimmer* mit Groteskengewölbe und dem *Schreibzimmer* mit Deckenbemalung von Francesco Salviati, die von Bronzino ausgemalte *Kapelle*; über dem Altar eine «Kreuzabnahme», eingerahmt von den Figuren der Maria und des Erzengels Gabriel.

Von den übrigen Räumen im Palazzo seien nur erwähnt: die *Sala dei Dugento* (Saal der Zweihundert), das *Quartiere di Leone X*, die *Sala dell'Udienza* (Audienzsaal), die *Cappella della Signoria*, die *Sala del Duca Cosimo I.*, die *Sala di Clemente VII*, usw.

Sitz des *Museo dell'Antica Casa Fiorentina* ist der **Palazzo Davanzati**, im XIV. Jahrhundert von der Florentiner Adelsfamilie Davizzi erbaut, die bis 1516 Eigentümer blieb, als der apostolische Protonotar Onofrio Bartolini den Palast erwarb. 1523 ging er in den Besitz des Literaten Bernardo Davanzati über, dessen Familie bis ins XIX. Jahrhundert darin wohnte. 1951 kaufte der Staat das Gebäude und richtete hier ein Museum ein (bereits Anfang des XX. Jahrhunderts hatte die damalige Besitzerin, Elia Volpi, den Palast restaurieren und die Räume mit antiken Möbeln einrichten lassen). Die Innenausstattung, die den Charakter eines herrschaftlichen Wohnhauses des XIV. Jahrhunderts wiedergeben will, zeichnet sich durch Schlichtheit und viel Geschmack aus; hier kann man Möbel, Raumschmuck, Gemälde (alles Originale), bemalte Truhen und Hausrat bewundern, die alle von einem «Leben aus fernen Tagen» erzählen.

Florenz besitzt zahlreiche, zu Unrecht als «kleiner» bezeichnete Museen, von denen jedes einzelne die Zierde einer Stadt wäre: *Museo dell'Opera del Duomo*, *Casa Buonarroti*, *Horne-Museum*, *Bardini-Museum*, *Museo di Santa Croce*, *Opificio delle Pietre Dure*, *Museo Mediceo* im *Palazzo Medici-Riccardi*. Dazu kommen berühmte Privatgalerien wie die *Pinakotheken Corsini* und *Ferroni*, das *Archäologische Museum*, das *Museo di Firenze com'era* und andere Museen, die kostbare Schätze und Spezialsammlungen bewahren, etwa das *Museo Stibbert*, wo Waffen jeder Epoche und Herkunft zu sehen sind, oder das *Museo degli Strumenti Musicali Antichi*, das *Museo dei Gessi*, das *Museo delle Porcellane*, usw.

Wir beschränken uns an dieser Stelle auf die Erwähnung einiger Meisterwerke aus den obengenannten Sammlungen. So bewahrt das Dommuseum Zeugnisse der verschiedenen Bauhüttenzeiten sowie eine Reihe von Skulpturen, die sich einst im Dom, Baptisterium und am Glockenturm von Giotto befanden. Es handelt sich um die plastische Ausstattung von Arnolfo und Donatello, herrliche Marmorfelder von Andrea Pisano, die beiden wunderschönen Sängerkanzeln, die Luca della Robbia und Donatello für die Orgeltribüne im Dom anfertigten, sowie eine Fülle weiterer Kunstwerke, die von der Entwicklung der florentinischen Bildhauerei vom Mittelalter bis zur Renaissance zeugen.

Die **Casa Horne** in der Via dei Benci, einst im Besitz der Familien Alberti und Corsi, stellt ein typisches Beispiel für ein florentinisches Adelshaus des Quattrocento dar. Die hier zusammengetragenen Werke sind das Ergebnis der Sammelleidenschaft und des Kunstsinns von Herbert P. Horne, eines englischen Gelehrten, der den Palast im XIX. Jahrhundert kaufte und zu seiner Wohnung machte. Neben einer herrlichen Sammlung mit Zeichnungen von Tiepolo, dem Kernbestand des Museums, finden sich hier Werke von Giotto, Piero di Cosimo, Beccafumi und Vecchietta. Renaissancemöbel, Keramik, Miniaturen und vieles andere beleben und runden das Ambiente ab.

Das **Museo di Casa Buonarroti** ist in dem Gebäude untergebracht, das Michelangelo 1508 von Benedetto di Andrea Bonsi erwarb. Später ließ ein Nachkomme des Künstlers die Innenräume mit einem Freskenzyklus dekorieren, der die Verherrlichung seines berühmten Vorfahren zum Thema hat. Diese Gemälde stellen eine Art Auslese der toskanischen Malerei des XVII. Jahrhunderts dar, zu der die besten zeitgenössischen Künstler beigetragen haben: Jacopo di Empoli, Giovanni da San Giovanni, Jacopo Vignali, Bilivert usw. Aber die Casa Buonarroti ist in erster Linie ein Michelangelo-Museum, wo Zeichnungen, Skizzen und Modelle des genialen Künstlers und einige Frühwerke wie die «Madonna della Scala» (um 1490-1492) und der «Kampf der Kentauren» zu sehen sind.

Im ehemaligen Refektorium des gößten Franziskanerklosters von Florenz befindet sich das **Museo dell'Ope-**

ra di Santa Croce. Die Rückwand des riesigen Raumes ist mit Fresken von Taddeo Gaddi geschmückt, die das «Letzte Abendmahl» darstellen. Das Museum enthält Malereien vom XIV. bis XVI. Jahrhundert, ferner Skulpturen und architektonische Elemente, die einst zur Kirche gehörten. Zu den wervollsten Stücken der Sammlung gehören die vergoldete Bronzestatue des «Hl. Ludwig von Toulouse» von Donatello, das weltbühmte «Kruzifix» von Cimabue, das bei der Überschwemmung 1966 schweren Schaden erlitt, und das Fresko «Johannes der Täufer und der hl. Franziskus» von Domenico Veneziano.
Der Antiquitätenhändler Stefano Bardini überließ der Stadt Florenz eine Sammlung mit vorwiegend dekorativen Skulpturen, Möbeln, Keramiken, Gemälden, Gobelins und Waffen, die im gleichnamigen Museum zu sehen ist. Einige der bezeichnendsten Stücke: «Madonna mit Kind», eine Terrakottabüste aus der Schule von Jacopo della Quercia, ein Antependium von Andrea della Robbia mit «Madonna und Engeln», eine «Caritas», eine Tino da Camaino zugeschriebene Plastik, ein Tafelgemälde von Pollaiolo, den «Hl. Erzengel Michael» darstellend, und zahlreiche andere Skulpturen in Terrakotta oder farbigem Holz des XIV. und XV. Jahrhunderts.
Der *Palazzo Medici-Riccardi*, den Michelozzo im Auftrag Cosimos il Vecchio an der «Via Larga» erbaute, beherbergt in einigen Räumen des Erdgeschosses das **Museo Mediceo**, wo sich die Porträts der berühmtesten Persönlichkeiten der Familie, eine Reihe mit Wandteppichen des XVI. Jahrhunderts, Anschauungsmaterial sowie eine «Madonna mit Kind» von Filippo Lippi befinden. An den Wänden der *Kapelle*, ebenfalls ein Werk Michelozzos, ist der berühmte «Zug der Heiligen Drei Könige nach Bethlehem» dargestellt, ein Fresko von Benozzo Gozzoli, auf dem aller Wahrscheinlichkeit nach die Persönlichkeiten porträtiert sind, die an dem feierlichen Reiterzug der zum Konzil im Jahre 1439 nach Florenz gereisten Griechen teilnahmen. Die **Galleria Corsini**, 1765 von Don Lorenzo Corsini, einem Neffen Papst Clemens' XII. ins Leben gerufen, stellt die bedeutendste Privatsammlung in Florenz dar. Sie umfaßt zahlreiche Werke des Seicento, die einen weiten Überblick über die italienische und ausländische Malerei jenes Jahrhunderts vermitteln. Darüber hinaus besitzt die Galerie einen beachtlichen Bestand an Gemälden der florentinischen Schule des XV. und XVI. Jahrhunderts. Aus der Reihe der Hauptwerke seien erwähnt die «Medici-Porträts» von Sustermans, eine «Madonna mit dem Kind und Johannesknaben» von Pontormo, eine «Verkündigung» von Luca Signorelli. Ferner Gemälde von Reni, Vanvitelli, Salvator Rosa, Volterrano usw.
Die **Galleria Ferroni** mit verschiedenen Gemäldesammlungen des XV. bis XVIII. Jahrhunderts fiel dem Staat durch den Marchesen Ferroni 1850 als Stiftung zu und wurde in einigen Räumen des ehemaligen *Klosters Sant'Onofrio* untergebracht, das früher den sogenannten Franziskanerinnen von Foligno gehörte. Unter den in der Vorhalle des Klosters und im Refektorium ausgestellten Gemälden befinden sich Werke von Filippino Lippi, Rosso Fiorentino, Lorenzo Monaco, Carlo Dolci, Salvator Rosa, usw. An der Rückwand des Refektoriums das berühmte «Abendmahl von Foligno», ein Werk von Perugino und Gehilfen, das man glücklicherweise im Jahre 1845 wiederentdeckte. Das von Peter Leopold gegründete **Museo delle Pietre Dure** zur Aufnahme der berühmten Auftragsobjekte in Steineinlegetechnik, die das florentinische Mosaik seit dem XV. Jahrhundert zu einem Begriff werden ließen, bewahrt nicht nur zahlreiche hervorragende Mosaiken, die großenteils aus den *Uffizien* stammen, sondern befaßt sich auch mit Restaurierungsarbeiten und der Dekoration mit wertvollem Marmor.
Leopold II. setzte 1824 mit der «Etruskischen Sammlung», die später durch Stiftungen und Ankäufe wuchs, den Grundstein zum **Archäologischen Museum** von Florenz, das für das Studium der etruskischen Kultur und Kunst von fundamentaler Bedeutung ist. Das Museum umfaßt zahlreiche Abteilungen und Sammlungen: das Etruskisch-griechisch-römische Antiquarium, das Museo Topografico dell'Etruria, das Ägyptische Museum (nach Turin das bedeutendste in Italien), eine Sammlung mit griechischen, etruskischen und römischen Skulpturen, Sammlungen aus der orientalischen und hellenischen Vorgeschichte, einen Garten mit Rekunstruktionen und eine Tonvasensammlung. Zu den herausragenden Werken gehören die drei großen berühmten Bronzen aus etruskischen Werkstätten: die «Minerva» - Statue, Kopie eines griechischen Werkes, das an den Stil des Praxiteles erinnert und um 1554 bei Arezzo gefunden wurde; die «Chimäre», ein von Bellerophon verwundetes Ungeheuer, ebenfalls bei Arezzo im Jahre 1555 aufgefunden und von Cellini restauriert; der «Arringatore del Trasimeno» («Der Redner»), eine monumentale Grabstatue des III. Jahrhunderts v. Chr., die Aulus Metellus während einer Rede darstellt (1566 bei Sanguineto gefunden). Das Hauptwerk aus der Abteilung «Vasen und Terrakotten» ist die berühmte «François-Vase», ein herrlicher Krater, wahrscheinlich ein Hochzeitsgeschenk, den der griechische Künstler Klitias im VI. Jahrhundert v. Chr. in der Athener Töpferwerkstatt des Ergotimos bemalte. Zu den rotfigurigen attischen Vasen gehören die beiden berühmtn «Hydren von Populonia», auf denen die Mythen von «Venus und Phaon» und «Venus und Adonis» dargestellt sind; aus der Reihe der Schalen die nach den Malern «Chachrylion», «Brygos» und «Duris» benannten Exemplare. Von Bedeutung sind auch der farbige Terrakotta-Sarkophag der «Larthia Seianti», der zwischen 215 und 145 v. Chr. datierbar ist und bei Chiusi gefunden wurde, sowie ein weiterer Chiusiner Sarkophag, der sog. «Sarcofago dell'Obeso»; die Stinkkalk-Statue der «Mater Matuta», eine sitzende Frauengestalt mit ihrem Kind auf den Knien, die durch den essentiellen Stil beeindruckt; der sog. «Idolino», eine griechische Bronzestatue in Gestalt eines jungen Wettkampfsiegers, der sich anschickt, einer Gottheit ein Trankopfer darzubringen. Im Garten sind Rekonstruktionen von etruskischen Monumenten und Gräbern aufgebaut, bei denen vorwiegend authentisches Material aus den Fundorten verwendet wurde.
Ein weiteres, weniger bekanntes Museum, das die ehemalige Topographie von Florenz hervorragend erläutert, ist das **Museo storico-topografico di Firenze com'era** mit einem reichen Bestand an urkundlichem Material, Zeichnungen, architektonischen und dekorativen Zeugnissen über die Charakteristiken der Stadt in den vergangenen Jahrhunderten, die vor allem das Gesicht der in moderner Zeit unbesonnenerweise zerstörten Stadtviertel dokumentieren. Das Museum gründet sich auf einer Dokumentensammlung, die auf die Initiative von G. Carocci während der Zerstörung der Altstadt zusammengestellt wurde.
Darüber hinaus kann Florenz auf eine Reihe Wissen-

schaftlicher Museen verweisen, die zwar kein umfassendes Bild der modernen Wissenschaft vermitteln, jedoch wesentlich dazu beitragen, die Elemente eines Bildungsprozesses aufzuzeigen, in dessen Rahmen die Stadt eine wichtige Rolle spielte.

Der *mittelalterliche Palazzo dei Giudici* ist Sitz des hervorragend aufgebauten **Istituto e Museo di Storia della Scienza**, in dem eine Instrumentensammlung und wissenschaftliches Gerät zusammengefaßt sind, die aus alten mediceischen Beständen und verschiedenen Stiftungen stammen. Das Museum wurde 1927 gegründet, einmal, um die in Florenz bewahrten, historisch-wissenschaftlichen Meisterwerke sinnvoll zu ordnen und dem Publikum zugänglich zu machen, und zum andern, um ein konkretes didaktisches Forum zu schaffen, auf dem alle Studien und jegliche Forschung über die Wissenschaftsgeschichte verwirklicht werden können. Von daher die Doppelbezeichnung Institut-Museum: die Institution besitzt auch zwei reichhaltige Spezialbibliotheken, Labors für Restaurierung, Lagerräume, ein Planetarium, Konferenzsäle und Räume für audiovisive Information, usw. Zu den berühmtesten Ausstellungsstücken gehören die Instrumente Galileos sowie die Geräte, die man für die Versuche in der Accademia del Cimento verwendete; die Armillarsphäre oder das planetarische System nach Ptolemäus, das Antonio Santucci von 1588 bis 1593 im Auftrag Ferdinandos I. baute; antike Astrolabien; Meßgeräte; Galvanometer; Taschenlampen und verschiedene Geräte von Alessandro Volta, Instrumente für die Schiffahrt usw.

Der *Palazzo Nonfinito* beherbergt ein weiteres wissenschaftliches Museum von Rang in Florenz: das **Museo Nazionale di Antropologia ed Etnologia**, das erste seiner Art in Italien, das 1869 von Paolo Mantegazza gegründet und später erheblich ausgebaut wurde. Das Museum besitzt wertvolle Sammlungen und aufschlußreiche Dokumente über die Kultur vorwiegend außereuropäischer Völker als Ergebnis zahlreicher Expeditionen, die in den letzten Jahrzehnten des XIX. Jahrhunderts und in der jüngeren Gegenwart in verschiedene Regionen Asiens, Afrikas und Amerikas führten.

Dem Großherzog Peter Leopold ist die Gründung des 1775 eröffneten *Imperiale Regio Museo di Fisica e Storia Naturale* zu verdanken. In dem auch **La Specola** (Sternwarte) genannten Museum richtete der Großherzog ein astronomisches und metereologisches Observatorium ein. Später reduzierte man das Museum, das heute in dem antiken *Palazzo Torrigiani* in der Via dei Serragli untergebracht ist und sich auf die Ausstellung seiner reichhaltigen zoologischen Sammlungen beschränkt; sehenswert die einmalige entemologische Sammlung mit mehr als zwei Millionen Insekten. Beachtenswert ist auch die Sammlung mit anatomischen Wachsmodellen aus der antiken Wachswerkstatt des Museums, die bis zum Ende des vorigen Jahrhunderts in Betrieb war. Es handelt sich um eine Sammlung, die in der Welt nicht ihresgleichen hat. Einen großen Teil der über 6000 naturgetreuen Modelle schuf Clemente Susini.

Auf das Jahr 1842 geht die Gründung des **Museo Botanico Fiorentino** zurück, anläßlich des III. Botanischen Kongresses, dessen Ziel es war, in Florenz ein zentrales italienisches Herbarium einzurichten. Mit der sofortigen großherzoglichen Genehmigung gingen der Stadt reiche Pflanzensammlungen zu (Parlatore, Morris, Barbieri). 1845 erwarb man das Herbarium und die Manuskripte von Pier Antonio Micheli, die Giovanni Targioni 1738 gekauft und deren Bestand er vergrößert hatte. Weitere wertvolle Stiftungen von Filippo Barker Webb und Beccari vervollständigten später das Museum, das insgesamt über ein Herbarium mit mehr als 500.000 Exemplaren verfügt!

Das Museum ist Bestandteil des Botanischen Instituts, das auch eine Schule mit Laboratorium und Bibliothek sowie einen *Botanischen Garten* umfaßt. Letzterer ist der ehemalige **Giardino dei Semplici**, ein von Cosimo I. im Jahre 1545 eingerichteter Garten für Heilpflanzen, mit dessen Anlage er Tribolo beauftragte und den der berühmte Botaniker Luca Ghini leiten sollte. Nachdem sich danach recht mittelmäßige Direktoren abgelöst hatten, übertrug man Anfang des XVIII. Jahrhunderts die Leitung dem illustren Botaniker Pier Antonio Micheli, der den Garten um wertvolle Exemplare bereicherte. In der Folgezeit nahm man einschneidende Veränderungen an der Anlage und auch an den Strukturen des alten «*Gardino dei Semplici*» vor, der erst in den frühen Jahren des XIX. Jahrhunderts unter der Leitung von Ottaviano Targioni Tozzetti wieder seine wahre Gestalt annahm. Mit Ausnahme einer von Pier Antonio Micheli 1720 gepflanzten Eibe stammen die ältesten Bäume aus der Anlage Targionis. Beachtenswert übrigens der Bestand an Koniferen und Zykadeen.

Auch die im **Museo fiorentino di Mineralogia e Litologia** bewahrten Sammlungen wurden von den ersten Großherzögen der Medici-Familie, den eigentlichen Pionieren in diesem Wissenschaftsbereich, begonnen. Ferdinando II. beauftragte seinen Leibarzt, den Dänen Niels Stensen (italienisiert: Niccolò Stenone) im XVII. Jahrhundert mit der Neuordnung der Sammlungen. Stensen ließ eine beachtliche Anzahl von Exemplaren aus allen Teilen der Welt nach Florenz kommen und leistete mit dem Studium der Steine einen wichtigen Beitrag zum Wissenschaftszweig der Kristallographie. Das Interesse an den umfangreichen Sammlungen hielt auch unter den Lothringern an: 1763 fertigte Targioni Tozzetti ein regelrechtes Inventar der «Naturobjekte» an. Im vorigen Jahrhundert siedelten die mineralogischen Sammlungen, die inzwischen um die wertvolle Foresi-Stiftung (mit Mineralien und Steinen von der Insel Elba) gewachsen war, vom Imperial regio Museo di Fisica e Storia Naturale (*La Specola*) in den heutigen Sitz, den ehemaligen großherzoglichen Marstall, um. Zur Zeit gliedert sich das Museum in fünf Abteilungen: Allgemeine Sammlung, Bearbeitete Steine, Italienische Sammlung, Meteoriten-Sammlung, Lithologische Abteilung.

Die umfangreichste paläontologische und geologische Dokumentation in Italien besitzt das **Museo di Geologia, Paleontologia e Geografia Fisica**, das dem gleichnamigen Institut angeschlossen ist. Der Kernbestand der Sammlung geht aus dem Besitz der mediceischen Großherzöge hervor, der später von den Lothringern erweitert wurde. Den größten Zuwachs hatte das Museum nach der Einigung Italiens, als das Fundmaterial aus dem Arno-Tal hinzukam, das heute den Hauptanteil der Wirbeltiersammlung ausmacht. Von beachtlichem Interesse ist außerdem der Schädel des Olmo-Menschen, ein für die Kenntnis und das Studium des Urmenschen wesentliches, subfossiles Exemplar. An das Paläontologische Institut ist auch das vor kurzem gegründete **Museo Fiorentino di Preistoria** angeschlossen.

PROFANE BAUDENKMÄLER

DIE UFFIZIEN

Hier befindet sich eine äußerst reichhaltige Sammlung von Gemälden, sowie auch Skulpturen und Kleinkunst-Objekten. Im Inneren: die Ausstellungsräume der Galerie, Überreste der **Kirche S. Piero Scheraggio**, die **Sammlung der Zeichnungen und Drucke** und der Gang Vasaris, in dem wir verschiedene **Selbstportraits** finden.

DIE GALERIE DER AKADEMIE (via Ricasoli)

Hier finden wir Meisterwerke der Bildhauerkunst, wie den *David*, die *Sklaven*, die *Pietà von Palestrina*, den *Hl. Matthäus* von Michelangelo und den *Raub der Sabinerinnen* von Giambologna, sowie auch zahlreiche Gemälde.

KIRCHE UND KLOSTER S. MARCO

Neben der Kirche befindet sich der Gebäudekomplex des **Klosters von S. Marco**, mit zahlreichen Werken Beato Angelicos. Im Inneren: der **Kreuzgang**, der **Kapitelsaal**, das **Refektorium** und das Hospiz. Im oberen Stockwerk die **Zellen**, darunter auch die von Savonarola und Cosimo dem Alten und die **Bibliothek** Michelozzos.

DER PALAZZO PITTI

Er ist der großte Palast der Stadt und verfügt über einen großzügigen Innenhof. In ihm finden wir die **königlichen Gemächer**, die **Galerie Palatina**, die **Galerie der Modernen Kunst**, sowie auch das **Silber** und das **Wagenmuseum**.

DIE BOBOLI-GÄRTEN

Sie befinden sich auf der Rückseite des Palazzo Pitti. Darin finden wir die **Grotte Buontalentis**. Über den Palasthof gelangt man in das **Amphitheater**, von dort geht es hinauf zum **Brunnen des Neptun**, in der Nähe befindet sich der **großherzogliche Pavillon**, von hier geht es hinab zum **Ozeanbrunnen**.

DIE GALERIE PALATINA

Sie befindet sich in den Sälen des ersten Stocks des Palazzo Pitti. Die Sammlung wurde von Cosimo II. begonnen und nach Kriterien des Geschmacks zusammengestellt, in prunkvoll ausgestatteten Räumen.

DAS ARCHÄOLOGISCHE MUSEUM (via della Colonna)

Es besitzt einen **Garten** mit Rekonstruktionen der Architektur der Antike. Zur Zeit finden hier Umbauarbeiten statt. Das Museum verfügt über eine umfassende Sammlung, die in folgende Abteilungen unterteilt ist: die ägyptische, die etruskische, die griechisch-romanische des östlichen Mittelmeerraums und die Keramiksammlung.

DIE UMGEBUNG

FIESOLE

Eine Etruskerstadt mit Teilen der alten **Stadtmauer**. Auf dem **Platz Mino da Fiesole**: die **Kathedrale des Hl. Romolo**, die **Kirche S. Maria Primerana**. Im **archäologischen Ausgrabungsgebiet**: das **Stadtmuseum** mit Funden aus dem **Theater**, dem **etruskisch-römischen Tempel** und der **Thermen**. In der Nähe des Belvedere befindet sich die **Basilika S. Alessandro** und das **Franziskaner-Kloster**.

DIE UFFIZIEN
Die Uffizien, Italiens berühmteste Gemäldegalerie und eine der größten Pinakotheken der Welt, vermitteln einen umfassenden Überlick über die verschiedenen Schulen der florentinischen Malerei, die hier mit bedeutenden Arbeiten und authentischen Meisterwerken vertreten sind. Die Galerie enthält darüber hinaus neben zahlreichen Sammlungen italienischer Schulen (insbesondere des venetischen Kreises) einen wertvollen Kern der flämischen Schule sowie eine weltbekannte Selbstporträt-Sammlung. Eine beachtliche Anzahl antiker Skulpturen und eine reichhaltige Gobelinsammlung runden das künstlerische Panorama ab.
Die Familie Medici beauftragte Giorgio Vasari mit dem Bau der ursprünglich als Verwaltungs— und Justizräume geschaffenen Uffizi (daher der Name). Das 1560 begonnene und zwanzig Jahre später fertiggestellte Gebäude besteht aus zwei langgestreckten Baukörpern mit Portiken im Erdgeschoß, die an der Rückseite am Arno durch einen Arkadentrakt geschlossen werden. An den Innenseiten der Gebäudeflügel stehen zwischen den Säulen mächtige Pfeiler mit Nischen, die Statuen von illustren toskanischen Persönlichkeiten (19. Jh.) enthalten. Das erste Geschoß weist schöne Fenster auf, im zweiten Stock verläuft eine luftige Loggia.
Neben der **Galerie** im zweiten Stock beherbergt das

Auf gegenüberstehender Seite oben, die Uffizienfassade am Arno. Unten, der Uffizienplatz.

Oben links, Madonna di S. Trinita von Cimabue; rechts, Ognissanti-Madonna von Giotto. Unten, Der Erlöser zwischen vier Heiligen, Tafelgemälde von Meliore di Jacopo.

Oben, Polyptychon des hl. Pankratius von Bernardo Daddi; links, Verkündigung von Simone Martini.

Oben links, Thronende Madonna mit Kind von Pietro Lorenzetti; rechts, Darstellung Jesu im Tempel von Ambrogio Lorenzetti. Links, Kruzifix mit Passionsgeschichten vom Maestro del S. Francesco Bardi.

*Uffiziengebäude das **Staatsarchiv** mit seltenen Dokumenten über die Stadtgeschichte. Im Erdgeschoß sind die 1971 freigelegten und restaurierten Reste der romanischen **Kirche San Piero Scheraggio** zu sehen, unter anderem wertvolle Fresken von Andrea del Castagno. Im ersten Stock ist das **Gabinetto dei Disegni e delle Stampe**.*

Oben, Verkündigung von Leonardo da Vinci; links, Anbetung der Hirten von Lorenzo di Credi.

Oben, Porträts der Herzöge von Urbino von Piero della Francesca. Rechts: Madonna mit Kind und Heiligen von Ghirlandaio.

Oben, Madonna des Magnificat von Botticelli. Gegenüber, oben, Der Frühling, und unten, Die Geburt der Venus von Botticelli.

Oben, Portinari-Altar von Hugo van der Goes. Links, Anbetung der Könige von Gentile da Fabriano.

Oben, Die Heilige Familie von Michelangelo.

Oben links, Cosimo il Vecchio von Pontormo; rechts: Madonna mit Kind von Giulio Romano. Links, Der Bethlehemitische Kindermord von Daniele da Volterra. Gegenüber, oben, Venus und Cupido von Alessandro Allori; unten, Marie-Henriette von Frankreich von Jean-Marc Nattier.

Oben: ein Detail vom Kopf des David von Michelangelo; gegenüber: die Skulptur des Michelangelo auf der Tribüne der Akademie.

DIE GALERIE DER AKADEMIE

Die Galerie beherbergt eine äußerst bedeutende Sammlung von Skulpturen Michelangelos: Im Raum des Eingangs zur Tribuna, geschmückt mit Gobelins, sind aufgestellt die Pietà von Palestrina, *deren Zuschreibung zu Michelangelo umstritten ist, der unvollendete* Hl. Matthäus, *für den Florentiner Dom bestimmt und vier* « Gefangene » *(das heißt Sklaven), bestimmt für das Grab Giulios II. in Sankt Peter in Rom, das wie diese Männerfiguren unvollendet blieb, die sich aus dem Gefängnis des Marmors zu befreien suchen. In der geräumigen* ***Tribuna*** *erhebt sich das Original der Statue des* David *(1501-04), mit dessen Ausführung der große Meister beauftragt wurde, um die Judith von Donatello auf dem Rednerpodest am Palazzo dei Priori zu ersetzen.*
In diesem Saal befindet sich die wichtige Sammlung von Gemälden *aus der toskanischen Schule des 13. und 14. Jahrhunderts.*
Rechts des Saals der Tribuna liegen drei kleinere Säle, in denen man zahlreiche Tabernakel, *die Bernardo Daddi zugeschrieben werden und eine schöne* Pietà *von Giovanni da Milano bewundern kann. Links öffnen sich*

Gegenüber, oben: drei Sklaven von Michelangelo; unten, von links: ein Sklave, der Hl. Matthäus und die Pietà von Palestrina. Oben: der Saal der Galerie der Akademie mit dem Raub der Sabinerinnen von Giambologna; rechts: die Mariä Himmelfahrt und die Heiligen von Perugino.

noch drei kleine Räume, *die Werke berühmter Meister des 14. Jahrhunderts beinhalten; von diesen ragen ein schönes* Polyptychon *von Andrea Orcagna und zwei Reihen von Tafeln heraus, die* Szenen aus dem Leben Christi und Szenen aus dem Leben des Hl. Franziskus *darstellen, ein Werk von Taddeo Gaddi. Immer noch links des Saals der Tribuna liegt ein anderer großer* Saal, *in dem sich Florentiner Werke des 15. Jahrhunderts befinden, darunter die* Verkündigung *von Lorenzo Monaco, der* Täufer mit Maria Magdalena *von Filippo Lippi, die* Madonna des Meeres, *deren Zuschreibung zwischen Botticelli und Filippino Lippi ungewiß ist und eine kostbare* Kommodenfront *der Hochzeit Adimari genannt, von einem unbekannten Florentiner Künstler des 15. Jahrhunderts.*

Links: ein Gemälde des 14. Jahrhunderts mit der Madonna mit dem Kind; rechts; die Madonna des Meeres von Botticelli; unen: die Stirnseite der Truhe der Nozze Adimari.

Gegenüber, oben: der Kreuzgang S. Marco; unten: der Saal des Hospizes mit Werken von Beato Angelico.

KLOSTER UND KIRCHE S. MARCO
Die Urkunden über das ***Kloster*** *gehen bis auf das 12. Jahrhundert zurück; 1437 beauftragte Cosimo der Ältere Michelozzo mit seinem Wiederaufbau, und S. Marco war daher das erste Florentiner Klostergebäude, das elegante, klare Renaissanceformen annahm. Der schöne* ***Kreuzgang*** *besteht aus einfachen Steinelementen und aus Gesimsen aus Ziegelstein; im Erdgeschoß umrahmen leichte Arkaden den Raum. Im ersten Stockwerk befinden sich kostbare Lünetten mit Fresken von Poccetti, Rosselli, Coccapani, Vanni, Cerrini, Dandini und anderen berühmten Künstlern. Der Haupteingang des Klosters ist rechts der* ***Kirche S. Marco****. Auch diese wurde 1437 von Michelozzo restauriert; sie wurde erst von Giambologna umgebaut (1580) und später von Silvani (1678); die schlichte Fassade wurde zwischen 1777 und 1780 von Gioacchino Pronti neugestaltet. Interessant sind auch die Sakristei (die den Sarkophag mit der Bronzestatue des Hl. Antonius*

DISPONO VOBIS SICVT DISPOSVIT MIHI PATER MEVS REGNVM VT EDATIS ET BIBATIS SVPER MENSAM MEAM IN REGNO MEO

DER PALAZZO PITTI
Der großartigste Florentiner Palast geht auf das Jahr 1487 zurück und entstand wahrscheinlich nach einem Entwurf des Brunelleschi. Ammannati erweiterte den Palast im 16. Jahrhundert. Die Fassade (205 m Breite und 36 m Höhe) ist mit einer gewaltigen Bossenquaderung aus enormen Rustika-Quadern verkleidet. Die einzigen Dekorationselemente sind die gekrönten Löwenköpfe zwischen den Konsolen der Fenster im Erdgeschoß. Aus der Zeit der Lorena stammen die beiden vorgelagerten Flügel des Gebäudes. Durch das große Bogenportal gelangt man durch ein Atrium in den ***Hof*** *des Ammannati, der dem Hügel von Boboli gegenüber liegt; der Boboli-Garten schließt das Gebäude nach hinten hin ab. Im ersten Geschoß befinden sich die* ***Quartieri Reali*** *und die* ***Galleria Palatina****; im zweiten Geschoß hat die* ***Galleria d'Arte Moderna*** *ihren Sitz. Der Palast beherbergt auch das* ***Museo degli Argenti*** *(Silberwarenmuseum) und das* ***Museo delle Carrozze*** *(Kutschenmuseum).*

DIE BOBOLI-GÄRTEN
Dies ist der größte Park von Florenz. Er ist vier Jahrhunderte alt: Der Entwurf stammt von Niccolò Pericoli, der Tribolo genannt wurde, im Auftrag von Cosimo I. (1549). Ammannati führte das Werk fort, danach Buontalenti und Parigi der Jüngere. Einen Besuch wert

Auf dieser Seite: der Pitti-Palast mit dem davorliegenden Platz. Gegenüber, oben: der Brunnen des kleinen Bacchus und der Neptunsbrunnen im Boboli-Garten; unten: die Rückseite des Pitti-Palastes.

Gegenüber, oben: der Saal des Saturn und unten: der Saal der Nischen im Palazzo Pitti; hier oben: die Madonna della Seggiola von Raffael in der Palatin-Galerie.

*sind: die **Grotte des Buontalenti** (1583), das **Amphitheater** mit der **römischen Wanne** und dem **ägyptischen Obelisk** in der Mitte; der **Weiher des Neptun** mit der Bronzestatue des Meeresgottes; die Statue der Fruchtbarkeit von Giambologna und Tacco (1563); das **großherzogliche Kasino**; der **Garten der Kavaliere**; der **Ozean-Brunnen** von Parigi (1618) mit den Statuen der Flüsse* Nil, Ganges *und* Euphrat.

DIE GALERIE PALATINA

Die Galerie Palatina ist nach den Uffizien das zweitgrößte und zweitwichtigste Museum der Stadt, in dem Werke von unermeßlichem künstlerischen Wert zu sehen sind. Es wurde auf Betreiben Ferdinandos II. de' Medici gebaut und von Pietro da Cortona ausgeschmückt. Die Sammlung, die sich heute in Form einer Gemäldegalerie des 17. Jahrhunderts präsentiert, das heißt, ihre Wände sind vollständig mit Kunstwerken bedeckt, die nach Kriterien des Geschmacks angeordnet wurden, diese Sammlung also wurde im Laufe der Zeit von Kardinal Leopoldo de' Medici und später von den letzten Medici und Lothringern erweitert. Die Galerie besteht aus zahlreichen Sälen, die nach Göttern und mythologischen Figuren benannt wurden, die wir in den Verzierungen wiederfinden.

Oben links: die Madonna des Großherzogs von Raffael; rechts: die Madonna und vier Heilige von Andrea del Sarto; links: die Madonna dell'Impannata von Raffael.

Die Dame mit Schleier von Raffael.

Auf der Seite gegenüber: oben links die Schwangere und rechts das Portrait der Maddalena Doni von Raffael; unten die Madonna mit dem Kind von Filippo Lippi.

Rechts: die vier Philosophen und unten: die Folgen des Krieges von Rubens.

Oben links: die Vision des Hesekiel von Raffael; rechts: die Mariä Himmelfahrt und Heilige von Andrea del Sarto; links: die Heilige Familie von Andrea del Sarto. Auf der Seite gegenüber: zwei Gemälde mit Szenen aus dem Leben des Juden Joseph von Andrea del Sarto.

DAS ARCHÄOLOGISCHE MUSEUM
Dies ist eins der größten Museen Italiens und verfügt über eine reiche Sammlung von ägyptischer, etruskischer, griechischer und römischer Kunst. Es hat im **Palazzo della Crocetta** *aus dem 17. Jahrhundert seinen Sitz. Der eigentliche Kern des Museums geht auf die Privatsammlungen der Medici und der Großherzöge zurück; 1824 wurde die ägyptische Abteilung eingerichtet. In dieser Abteilung sind die Skulptur der* Göttin Hathor, die den Pharao stillt, *das mehrfarbige Relief der* Göttin Hathor mit dem Pharao Sethos I. *und das Basrelief der* Göttin der Wahrheit Maat *zu sehen. Im griechisch-römischen Antiquarium zieht in den Sammlungen von Vasen und Terrakotten das berühmte* Gefäß François *die Aufmerksamkeit auf sich, ein griechisches Werk des 6. Jahrhunderts vor Christus, das in einem etruskischen Grab gefunden wurde. Der Krater, wahrscheinlich ein Hochzeitsgeschenk, ist von der Künstlerin Clizia und stammt aus der Athener Werkstatt des Ergotim. Das Gefäß ist unter dem Namen seines Entdeckers, Alessandro François, bekannt, der es 1845 in Fonte Rutella (Chiusi) fand. Das Gefäß mit schwarzen Figuren ist mit heroisch-mythologischen Szenen dekoriert. In der griechisch-römischen Abteilung ist die Bronzestatue, genannt* kleine Götzenstatue, *sehenswert (attisch-peleponnesische Schule des 5. Jahrhunderts vor Christus). Bedeutend ist auch die etruskische Kunstsammlung, die Material aus den Nachforschungen von über drei Jahrhunderten vereint. Zahlreich sind hier die Sarkophage, die Aschenurnen, Bronzen, Waffen und Gegenstände des täglichen Gebrauchs. Von den Skulpturen sind besonders die Statue von* Aringatore *sehenswert, die den Redner Aulo Metello darstellt und die bei dem Trasimenischen See*

wiedergefunden wurde (ein Werk der Grabkunst aus dem 3. Jh.) und die der von Bellerofonte verletzten Chimäre, *die 1555 in Arezzo gefunden wurde. Es ist eine Bronze aus dem 5. Jh. v.Ch., die einen Löwenkörper hat und einen Widderkopf auf dem Rücken trägt (der Schwanz in Schlangenform ist nicht original).*

Auf der Seite gegenüber, oben: die Chimäre von Arezzo; unten: eine etruskische goldene Nadel aus Vetulonia. Auf dieser Seite, oben: die Vase François aus Chiusi; unten: ein goldenes Armband aus Vetulonia.

Auf der Seite gegenüber, oben: eine Ansicht der beiden Anhöhen von Fiesole; unten: die Piazza Mino da Fiesole. Auf dieser Seite, oben: die Kirche S. Francesco und rechts: das römische Theater.

FIESOLE
Es handelt sich um eine sehr alte Stadt, die auf einem Hügel oberhalb von Florenz liegt. Die sehr schöne ***Piazza Mino da Fiesole*** *bildet das Zentrum, in dem sich auch die große* ***Kathedrale des Hl. Romolo*** *befindet. Sie stammt aus dem 11. Jh.; in ihr finden wir die berühmte* cappella Salutati, *die Cosimo Rosselli im 15. Jh. ausmalte und das* Grabmahl des Bischofs Salutati *von Mino da Fiesole. Gegenüber der Kathedrale steht der* ***Bischofspalast*** *(11. Jh.) und die sehr alte* ***Chiesa di Santa Maria Primerana****. Von hier aus kann man zu der* ***Kirche*** *und dem* ***Kloster des Hl. Franz*** *hinaufsteigen (14. Jh.), in dem das* ***ethnographische Museum der Mission*** *untergebracht ist, in dem interessante etruskische Funde zu sehen sind. Von dem Platz aus gelang man direkt zum* ***Archäologischen Museum*** *und dem wunderschönen Römischen* ***Theater*** *aus dem I. Jh. v.Ch., in dem Theateraufführungen und Kinoveranstaltungen stattfinden. In der Nähe finden wir die römischen* ***Thermen*** *und den etruskisch-römischen* ***Tempel****. Erwähnenswert ist auch das berühmte* ***Bandini Museum****, in dem Skulpturen und Gemälde aus dem 13. bis 14. Jh. ausgestellt werden. Auch die sehr alte* ***Basilika des Hl. Andrea*** *ist einen Besuch wert.*

FIRENZE
0
500 m
Fortezza da Basso
sede esposizioni
viale Strozzi
Stazione Centrale
piazza Stazione
piazza Adua
largo Alinari
Pal. Congressi
piazza del Crocifisso
piazza dell'Unità Italiana
S. Maria Novella
p.za S.M. Novella
Stazione di Porta al Prato
porta al Prato
Teatro L'Amicizia
Teatro Comunale
viale Fratelli Rosselli
viale Belfiore
viale Redi
Velodromo
Tennis
Sferisterio
piazzale Thomas Jefferson
viale degli Olmi
piazza Vittorio Veneto
ponte d. Vittoria
Fiume
ponte Vespucci
lungarno Vespucci
Ognissanti
piazza Ognissanti
Pal. Rucellai
Pal. Corsini
ponte alla Carraia
ponte S. Trinita
Palazzo Frescobaldi
piazza Taddeo Gaddi
piazza P. Vettori
piazza Verzaia
p.za Cestello
S. Frediano in Cestello
S. FREDIANO
p.za del Carmine
S. Maria d. Carmine
S. Spirito
piazza S. Spirito
p.za N. Sauro
p.za Pitti
Palazzo Pitti
Museo della Specola
GIARDINO TORRIGIANI
GIARDINO DI BOBOLI
piazza Torquato Tasso
piazza S. Francesco di Paola
MONTE OLIVETO
Monte Uliveto
Villa Fioravanti
viale A. Aleardi
viale L. Ariosto
viale Petrarca
viale Spartaco Lavagnini

piazza d. Costituzione
Chiesa Russa
Villa Basilewsky
viale F. Strozzi
viale Spartaco Lavagnini
p.za d. Libertà
porta S. Gallo
Ospedale Meyer
Uff. registro
piazza della Indipendenza
Palazzo Pandolfini
Chiesa Inglese
piazza Savonarola
Cimitero d. Misericordia
Palazzo Capponi
viale Giacomo Matteotti
Corte d'Assise
S. Marco
GIARDINO DEI SEMPLICI
GIARDINO DELLA GHERARDESCA
Cenacolo S. Apollonia
piazza S. Marco
Università
Bibl. Marucel.
piazzale Donatello
Cim. d. Inglesi
p.za del Mercato Centrale
Acc. Belle Arti
p.za SS. Annunziata
Museo Archeologico
Osped. d. Innocenti
Palazzo Medici R.
Rotonda del Brunelleschi
piazza dell'Unità Italiana
S. Lorenzo
piazza M. D'Azeglio
v.le Segni
viale Antonio Gramsci
S.Maria dei Pazzi
Tempio Israelitico
Ospedale S.M. Nuova
p.za S. M.Nuova
Teatro della Pergola
Teatro Oriuolo
E.P.T.
P.za della Repubblica
P.za Strozzi
P.za Davanzati
Porta Rossa
Piazza Signoria
p.za S.Trinita
P.za G. Salvemini
Poste
p.za d. Ciompi
piazza Ghiberti
Mercato S. Ambrogio
piazza Beccaria
porta alla Croce
ponte Trinita
Palazzo Frescobaldi
ponte Vecchio
piazza S. Croce
p.za Peruzzi
S. Croce
Biblioteca Nazionale
piazza dei Cavalleggeri
p.za Piave
A.C.I.
viale Italia
Arno
ponte alle Grazie
lungarno della Zecca Vecchia
Palazzo Pitti
Palazzo Torrigiani
Museo Bardini
Pal. Serristori
piazza Poggi
ponte S. Niccolò
Forte di Belvedere
S. NICCOLÒ
porta S. Miniato
porta S. Giorgio
piazzale Michelangelo
viale Michelangelo
piazza F. Ferrucci

INHALT